ABRÉGÉ

DE

L'HISTOIRE SAINTE

ET

DU CATÉCHISME.

Prix : 75 c.

MONTBÉLIARD,
DE L'IMPRIMERIE DE DECKHERR.

Jeudi	4	sVéronique		neig
Vendr	5	sAgathe		v
Samedi	6	sDorothée		brum
6		*Lev. duSol.* 7 h. 11 m.		Coucher 4 heur. 49
DIM.	7	C *Sept.* sHélène		7 h. 50 m. ap.
Lundi	8	sSalomon		nuag
Mardi	9	sApoline		so
Mercre	10	sScholastique		
Jeudi	11	sDidier		Apog.
Vendr	12	sEulalie		obs
Samedi	13	sJonas		f
7		*Lev. duSol.* 7 h. 0 m.		Coucher 5 heur. 0
DIM.	14	C *Sex.* sValentin		
Lundi	15	sFaustin		g
Mardi	16	sJuliane		1 h. 20 m. d.
Mercre	17	sDonat		
Jeudi	18	sGabin		hun
Vendr	19	sSabine		
Samedi	20	sConstant		p
8		*Lev. duSol.* 6 h. 49 m.		Coucher 5 heur. 11
DIM.	21	C *Quinq.* sLéon		
Lundi	22	Ch. sPier.		tro
Mardi	23	*Mardi Gr.* sJos.		4 h. 58 m. d.
Mercre	24	*les Cendres* sMat.		
Jeudi	25	sVictor		
Vendr	26	sNestor		n
Samedi	27	sNodose		p
9		*Lev. duSol.* 6 h. 38 m.		Coucher 5 heur. 2
DIM.	28	C *Brand.* sRom.		fril

Depuis le 1 Février jusqu'au 28, les jours cro
le matin et d'autant le soi

ABRÉGÉ

DE

L'HISTOIRE SAINTE

ET

DU CATÉCHISME,

PAR

J. F. OSTERVALD,

PASTEUR DE L'ÉGLISE DE NEUCHATEL.

DERNIÈRE ÉDITION, REVUE ET CORRIGÉE

MONTBÉLIARD,
DE L'IMPRIMERIE DE DECKHERR.

ABRÉGÉ

DE

L'HISTOIRE SAINTE.

CHAPITRE PREMIER,

Qui comprend le temps qui s'est écoulé depuis la Création du monde jusqu'au Déluge.

1. D. *Qui est-ce qui a créé le monde?*

R. C'est Dieu qui a créé le monde et toutes les choses qui y sont.

2. D. *Quand est-ce que le monde a été créé?*

R. Le monde a été créé environ quatre mille ans avant la naissance de Jésus-Christ.

3. D. *Comment Dieu créa-t-il le monde?*

R. (1) Dieu créa le monde en six jours par sa seule parole.

4. D. *Qui a été le premier homme, et de quoi a été formé son corps?*

R. Le premier homme a été Adam, et son corps a été formé de terre.

5. D. *En quel état Dieu créa-t-il Adam?*

R. Adam fut créé à l'image de Dieu, et Dieu lui donna la domination sur les animaux.

6. D. *En quoi l'homme ressemblait-il à Dieu?*

R. L'homme ressemblait à Dieu par l'excellence de la nature que Dieu lui avait donnée, aussi bien que par l'innocence et la sainteté.

______

(1) Génèse, I.

7. D. *En quoi paraît l'excellence de la nature de l'homme ?*

R. En ce que Dieu ne lui a pas seulement donné un corps comme aux bêtes, mais qu'il lui a donné la raison et l'intelligence, et une âme spirituelle et immortelle, par le moyen de laquelle il peut connaître son Créateur.

8. D. *Où fut mis Adam après sa création ?*

R. Adam fut mis dans le jardin d'Eden, avec Eve sa femme, que Dieu lui avait formée d'une de ses côtes (1).

9. D. *Adam était-il alors pécheur ?*

R. Non, Adam était innocent, et il aurait toujours vécu heureux s'il ne fût pas tombé dans la désobéissance.

10. D. *Quel péché commit Adam ?*

R. Adam pécha en mangeant du fruit d'un arbre appelé *l'arbre de la connaissance du bien et du mal* (2), duquel Dieu lui avait défendu de manger.

11. D. *Par qui Adam fut-il sollicité à violer cette défense ?*

R. Adam y fut sollicité par Eve sa femme qui avait été séduite par le serpent, *c'est-à-dire,* par le Diable.

12. D. *Quelle fut la peine du péché d'Adam ?*

R. Dieu punit Adam en l'assujettissant aux misères de cette vie et à la mort.

13. D. *Quel mal a fait le péché d'Adam à ses descendans ?*

R. Par le péché d'Adam tous les hommes sont devenus pécheurs et mortels.

14. D. *Quelle est la promesse que Dieu fit après qu'Adam eut péché ?*

---

(1) Génèse, II.   (2) Génèse, III.

R. Dieu promit (1) *que la postérité de la fem-*
me écraserait la tête du serpent.

15. D. *Que signifiait cette promesse ?*

R. Elle signifiait que Jésus-Christ, qui naîtrait
de la Vierge, délivrerait les hommes de la puissance du Diable, *c'est-à-dire,* du péché et de
la mort.

16. D. *Qu'est-ce que l'écriture nous apprend*
de la vie des premiers hommes ?

R. L'écriture nous apprend (2) que les hommes vivaient alors beaucoup plus long-temps
que l'on ne vit à présent.

17. D. *Que remarque-t-on dans l'Histoire des*
descendans d'Adam ?

R. On y remarque que le péché commença
à régner d'abord après la création.

18. D. *Quel exemple en avons-nous ?*

R. Nous avons l'exemple de Caïn, fils d'Adam,
qui tua Abel son frère, et qui eut une postérité
impie.

19. D. *Quel fils Dieu donna-t-il à Adam,*
après qu'Abel fut tué ?

R. Il lui donna Seth, dans la famille duquel
Dieu fut servi pendant quelque temps.

20. D. *Quel fut le plus illustre des Patriar-*
ches qui descendirent de Seth ?

R. Ce fut Enoch, dont l'écriture Sainte dit
que ce fut un saint homme, qui marcha avec
Dieu, et qu'il ne mourut point, Dieu l'ayant
enlevé du monde.

21. D. *Pourquoi Enoch fut-il ainsi enlevé ?*

R. Enoch fut enlevé à cause de sa piété, et
pour apprendre aux hommes de ce temps-là,
qu'il y a des récompenses pour les gens de bien
après cette vie.

---

(1) Génèse, III, v. 16. (2) Génèse, IV et V.

22. D. *Qu'arriva-t-il à la postérité de Seth au bout de quelque temps ?*

R. La postérité de Seth se corrompit en s'alliant par des mariages avec la postérité impie de Caïn (1).

23. D. *Quelles en furent les suites ?*

R. La terre se remplit de crimes, et Dieu envoya le déluge, qui fit périr tous les hommes dans les eaux.

24. D. *Qui est-ce qui fut préservé du déluge ?*

R. Dieu en préserva Noé, qui était un homme intègre et pieux.

25. D *Comment Noé fut-il garanti de cette innondation générale ?*

R. Il se retira avec sa famille dans une arche, ou dans un grand vaisseau qu'il avait bâti par le commandement de Dieu.

26. D. *La mémoire du déluge n'a-t-elle été conservée que dans les livres saints ?*

R. Elle s'est conservée, dans les anciens temps, parmi la plupart des peuples.

27. D. *En quel temps arriva le déluge ?*

R. Le déluge arriva mille six cent cinquante-six ans après la création du monde.

CHAPITRE II.

Du temps qui s'est écoulé depuis le déluge jusqu'à la vocation d'Abraham.

1. D. Qu'arriva-t-il *après que les eaux du déluge se furent retirées ?*

R. Noé sortit de l'arche, avec sa femme, ses trois fils et leurs femmes (2).

---

(1) Génèse, VI et VII.   (2) Génèse, VIII et IX.

2. D. *Qu'est-ce que Dieu fit incontinent après le déluge ?*

R. Dieu fit une alliance avec Noé et ses descendans. Il promit de ne plus envoyer le déluge pour détruire la terre, et il renouvela les lois naturelles, pour détourner les hommes de l'impiété et du crime.

3. D. *Qui étaient les trois fils de Noé ?*

R. Les trois fils de Noé étaient Sem, Cham et Japhet; et c'est de ces trois fils que tous les peuples sont descendus, comme on le voit dans le chapitre dixième du livre de la Génèse.

4. D. *Où s'établirent les descendans des trois fils de Noé ?*

R. Les descendans de Sem s'établirent principalement dans l'Asie, ceux de Cham dans l'Afrique, et ceux de Japhet dans l'Europe.

5. D. *Qu'est-ce que les hommes entreprirent quelque temps après le déluge ?*

R. Ils entreprirent de bâtir une ville et une tour extrêmement haute : et cette ville fut ensuite appelée Babel (1).

6. D. *Dans quelle vue bâtissaient-ils cette ville ?*

R. Ils la bâtissaient par un principe d'orgueil, et afin de n'être pas dispersés sur la terre.

7. D. *Dieu leur permit-il d'achever cette entreprise ?*

R. Non, Dieu confondit et changea leur langage, ensorte qu'ils ne s'entendaient plus les uns les autres, ce qui les obligea de se séparer.

8. D. *Après que les hommes eurent été dispersés, quel changement arriva-t-il par rapport à la religion ?*

R. L'idolâtrie commença à s'établir dans le monde.

9. D. *Qu'appellez-vous l'idolâtrie ?*

---

(1) Génèse, XI.

R. L'idolâtrie est le service religieux qu'on rend aux fausses divinités et aux créatures.

10. D. *Par quel degré l'idolâtrie s'établit elle?*

R. Les hommes commencèrent par adorer le vrai Dieu sous des images et des figures corporelles; et enfin ils en vinrent jusqu'à abandonner Dieu pour servir de fausses divinités.

11. D. *Qu'est-ce que Dieu fit en ce temps-là?*

R. Dieu résolut de choisir un peuple parmi lequel la vraie religion se conservât, et duquel le Messie naîtrait.

12. D. (1) *Qui fut le père de ce peuple?*

R. Ce fut Abraham qui demeurait dans la Chaldée, dans la ville d'Ur, que Dieu choisit et appela.

13. D. *Qu'est-ce que Dieu commanda à Abraham?*

R. Dieu commanda à Abraham de quitter sa patrie et d'aller dans un autre pays, qu'il lui promit de donner à ses descendans, savoir le pays de Chanaan.

14. D. *En quel tems Dieu appela-t-il Abraham?*

R. Dieu appela Abraham environ quatre cent trente ans après le déluge.

CHAPITRE III.

Du temps qui s'est écoulé depuis la vocation d'Abraham, jusqu'à la sortie du peuple d'Israël hors de l'Egypte.

1. D. Qui est ce qui vint avec Abraham dans le pays de Chanaan?

R. Ce fut Loth son neveu.

2. D. *Par qui ce pays était-il alors habité?*

R. Ce pays était habité par des Cananéens,

(1) Génèse, XII.

qui étaient des peuples idolâtres et fort cor-
rompus.

3. D. *Dans quelle ville de ce pays-là Loth
alla-t-il s'établir?*

R. Loth s'établit à Sodôme (1).

4. D. *Quels étaient les habitans de Sodôme?*

R. Les habitans de Sodôme vivaient dans toutes sortes de débordemens, et commettaient les
plus grandes abominations.

5. D. (2) *Comment Dieu punit-il les habitans de Sodôme et des villes voisines?*

R. Dieu détruisit entièrement ces villes et tout
leur territoire, et les consuma par le feu du ciel
qui embrasa tout ce pays.

6. D. *Loth fut-il enveloppé dans la destruc-
tion de Sodôme?*

R. Dieu envoya deux Anges pour faire sortir
Loth de Sodôme, avec ses deux filles.

7. D. *Pourquoi Loth fut-il ainsi préservé?*

R. Parce que c'était un homme de bien.

8. D. *Quand Abraham vint dans le pays de
Chanaan avait-il des enfans?*

R. Abraham n'avait point d'enfans, et il n'y
avait point d'apparence qu'il en eût, Sara sa
femme étant âgée et stérile.

9. D. *Abraham n'eut-il pas un fils au bout
de plusieurs années.*

R. Abraham étant âgé de cent ans, eut un
fils, savoir Isaac, qui lui naquit par espèce de
miracle (3).

10. D. *Qui fut le fils d'Isaac?*

R. Le fils d'Isaac que Dieu choisit fut Jacob.

11. D. *Combien Jacob eut-il de fils?*

---

(1) Génèse, XIII.　　　(2) Génèse, XIX.
(3) Génèse, XX *et suiv.*

R. Jacob eut douze fils, qui furent chefs de
douze Tribus du peuple d'Israël.

12. D. *Quelles étaient les deux principale
de ces Tribus ?*

R. Les principales Tribus étaient celle de *Lé
et celle de *Juda*.

13. D. *Qu'est-ce qui distinguait la Tribu d
Lévi ?*

R. Les Sacrificateurs et les Ministres de la Re
ligion étaient toujours pris de la Tribu de *Lév.

14. D. *Qu'est-ce que la Tribu de* Juda *ava
de particulier ?*

R. La Tribu de *Juda* fut très-puissante ; ell
posséda longtemps l'autorité royale, et le Messi
devait naître de cette Tribu.

15. D. *Qui fut celui des fils de Jacob qu'o
emmena en* Egypte ?

R. Ce fut Joseph que ses frères vendirent
parce qu'ils avaient conçu de la haine et de l
jalousie contre lui (1).

16. D. *Qu'arriva-t-il à Joseph dans le pay
d'Egypte ?*

R. Dieu le bénit à cause de sa sagesse et d
sa vertu, et au bout de treize ans il fut fa.
gouverneur de tout ce Royaume.

17. D. *Jacob, père de Joseph, vint-il en Egypte*

R. La famine obligea Jacob à quitter le pay
de Chanaan, et à venir en Egypte avec toute s
famille, et il fut reçu par Joseph son fils.

18. D. *En quel état furent les descendans d
Jacob en Egypte ?*

R. (2) Ils s'y multiplièrent extrêmement e
devinrent très-puissans après la mort de Joseph

19. D. *Demeurèrent-ils toujours en Egypte*

R. Non, il s'éleva environ deux cents an
après un prince qui entreprit de les détruire.

(1) Gén., XXXVII *et suiv.*   (2) Exode, I *et suiv*

20. D. *Qui est-ce que Dieu envoya alors pour délivrer le peuple d'Israël ?*

R. Dieu envoya Moïse qui fut un grand prophète et le libérateur du peuple de Dieu.

21. D. *Comment Moïse put-il obliger le Roi d'Egypte à laisser sortir ce peuple de ses Etats ?*

R. Moïse fit divers miracles, et il frappa l'Égypte de dix grandes plaies, dont la dernière fut qu'un Ange fit mourir en une nuit tous les premiers-nés des Égyptiens.

22. D. *Qu'est-ce que Dieu commanda alors aux enfans d'Israël ?*

R. (1) Dieu leur commanda d'égorger un Agneau, de le manger avec des pains sans levain, et d'arroser les portes de leurs maisons avec le sang de cet Agneau, afin que l'Ange destructeur n'y entrât pas.

23. D. *Comment appelait-on cette cérémonie ?*

R. Elle fut appelée la *Pâque*, et les juifs célébraient cette Fête toutes les années.

24. D. *Que faisaient les Juifs quand ils célébraient cette Pâque ?*

R. Ils égorgeaient et mangeaient un Agneau, et ils mangeaient pendant sept jours des pains sans levain en mémoire de la sortie d'Egypte.

25. D. *Après que les enfans d'Israël eurent célébré la Pâque en Egypte, que firent-ils ?*

R. Ils sortirent de l'Égypte sous la conduite de Moïse.

26. D. *Combien s'écoula-t-il de tems depuis la vocation d'Abraham jusqu'à la sortie d'Egypte ?*

R. Il s'écoula quatre cent trente ans.

---

(1) Exode XII.

CHAPITRE IV.

Du tems qui s'est écoulé depuis la sortie d'Egypte jusqu'à ce que le Temple de Salomon fut bâti.

1. D. Que fit le Roi d'Egypte après que les *Enfans d'Israël furent partis?*

R. (1) Le Roi d'Egypte le poursuivit avec son armée, et les atteignit au bord de la Mer Rouge.

2. D. *Comment furent-ils préservés?*

R. Dieu partagea les eaux de la mer, et le peuple d'Israël passa à pied sec.

3. D. *Qu'arriva-t-il au Roi d'Egypte.*

R. Il voulut passer après les Israëlites, mais les eaux de la mer retournèrent en leur place, et il fut noyé avec toute son armée.

4. D. *Qu'est-ce Dieu fit cinquante jours après la sortie d'Egypte?*

R. (2) Dieu publia sur le mont de Sinaï les dix Commandemens de la loi.

5. D. *Dieu ne donna-t-il point d'autres lois à ce peuple que les Lois morales du Décalogue?*

R. (3) Dieu lui donna diverses Lois particulières, tant politiques que cérémonielles.

6. D. *Qu'appellez-vous* les Lois politiques?

R. C'étaient les Lois qui réglaient le gouvernement du peuple d'Israël, et qui tendaient à faire régner l'Ordre et la Justice dans la Société civile.

7. D. *Qu'appellez-vous* les Lois cérémonielles?

R. Les *Lois cérémonielles* réglaient les cérémonies ou les actes extérieurs du Service Divin,

---

(1) Exode, XIII et XIV. (2) Exode, XX.
(3) Exode, XXI *et suiv.*

comme les Sacrifices, les Oblations, les Fêtes
et les autres choses de cette nature.

8. D. *Le peuple d'Israël alla-t-il d'abord
dans le pays de Chanaan?*

R. Ce peuple demeura pendant quarante ans
dans le désert avant que d'entrer dans ce pays-là.

9. D. *Comment subsistèrent-ils dans le désert pendant ces quarante ans?*

R. Dieu les y nourrit miraculeusement par
le moyen de la manne qu'il envoyait tous les
jours excepté le jour du Sabat.

10. D. *Moïse entra-t-il avec eux dans le pays
de Chanaan?*

R. (1) Non, il mourut sur la fin de ces
quarante ans.

11. D. *Qui est-ce qui prit la place de Moïse
après sa mort?*

R. (2) Ce fut Josué que Dieu avait choisi
pour succéder à Moïse.

12. D. *Que fit Josué?*

R. Josué vainquit, par l'assistance de Dieu,
les Rois et les peuples du pays de Chanaan,
et y établit le peuple d'Israël.

13. D *Par qui ce peuple fut-il gouverné après
la mort de Josué?*

R. Le peuple d'Israël fut gouverné par des
Juges que Dieu suscitait de temps en temps,
et dont le dernier fut le prophète Samuël.

14. D. *Quel changement arriva-t-il après cela
dans le gouvernement du peuple d'Israël?*

R. (3) Ce peuple voulut avoir un Roi, et
le premier Roi fut Saül, que le prophète
Samuël établit par le commandement de Dieu.

15. D. *Qui est-ce qui régna après Saül?*

---

(1) Deut., XXXIV.   (2) Josué, I *et suiv.*
(3) 1 Samuël, VIII.

R. (1) Saül ayant été rejeté de Dieu à cause de sa désobéissance, le Prophète Salomon oignit David, qui fut le second Roi.

16. D. *Que fut David ?*

R. David fut Roi et Prophète, et c'est lui qui a composé la plus grande partie des Cantiques qui sont dans le Livre des Psaumes.

17. D. *Qui est-ce qui succéda à David ?*

R. (2) Salomon son fils, qui fit paraître une grande sagesse et beaucoup de piété dans les commencemens de son règne.

18. D. *Qu'est-ce que Salomon fit de plus remarquable ?*

R. (3) Salomon fit bâtir le Temple de Jérusalem avec beaucoup de magnificence.

19. D. *Que fit Salomon dans sa vieillesse ?*

R. (4) Il se laissa séduire par des femmes et il se corrompit jusques-là qu'il introduisit l'idolâtrie, ce qui attira les jugemens de Dieu sur son royaume et sur ses descendans.

20. D. *En quel temps le temple de Jérusalem fut-il bâti ?*

R. Le temple fut bâti quatre cent quatre-vingts ans après la sortie d'Egypte ; et environ mille ans avant la venue de Jésus-Christ.

CHAPITRE V.

Du temps qui s'est écoulé depuis que le temple de Salomon fut bâti, jusqu'à la captivité de Babylone.

1. D. Qui est-ce qui monta sur le Trône après la mort de Salomon ?

R. (5) Ce fut Roboam son fils.

---

(1) 1 Samuël, XVI. (2) 1 Rois, II, etc.
(3) 1 Rois, VI. (4) 1 Rois, XI. (5) 1 Rois, XII, etc.

2. D. *Qu'arriva-t-il dans le commencement du règne de Roboam?*

R. Il y eut dix tribus qui se révoltèrent de son obéissance, et il ne régna que sur deux Tribus, savoir sur la tribu de Juda, et sur celle de Benjamin.

3. D. *Combien donc se forma-t-il alors de Royaumes?*

R. Il se forma deux Royaumes, dont l'un était le *Royaume de Juda*, et l'autre le *Royaume d'Israël*.

4. D. *De quelle tribu était composé le* Royaume de Juda ?

R. Le Royaume de Juda était composé des deux Tribus qui étaient demeurées sous l'obéissance de Roboam, fils de Salomon.

5. D. *Combien de Tribus comprenait le* Royaume d'Israël ?

R. Le Royaume d'Israël comprenait les dix Tribus qui s'étaient révoltées.

6. D. *Quel fut le premier Roi du Royaume d'Israël ?*

R. Le premier Roi du Royaume d'Israël fut Jéroboam.

7. D. *Que fit Jéroboam par rapport à la Religion ?*

R. Jéroboam établit un faux culte dans son Royaume, ayant fait deux Veaux d'or pour être adorés sous le nom de Dieu d'Israël.

8. D. *Pourquoi Jéroboam établit-il ce culte idolâtre ?*

R. Pour empêcher que les sujets n'allassent à Jérusalem dans le temps des fêtes solennelles, et qu'ils ne rentrassent sous l'obéissance des Rois de Juda.

9. D. *Cette idolâtrie subsista-t elle toujours dans le royaume d'Israël ?*

R. Tous les Rois d'Israël conservèrent la

même idolâtrie que Jéroboam avait introduite, et il y en eut même qui établirent ouvertement le culte des faux Dieux.

10. D. *Qu'est-ce que Dieu fit pour conserver sa connaissance parmi les Israëlites des dix Tribus ?*

R. Dieu leur envoya des Prophétes pour les reprendre de leurs péchés, et pour les retirer de l'Idolâtrie.

11. D. *Quel fut le plus remarquable de ces Prophètes ?*

R. (1) Ce fut Élie, illustre par son grand zéle, et qui fut enlevé au Ciel, laissant le Prophète Élisée pour tenir sa place.

12. D. *En quel tems prophétisait Élie ?*

R. Élie prophétisait sous le règne d'Achab, qui était un Roi d'Israël impie et persécuteur.

13. D. *Combien de tems subsista le Royaume d'Israël ?*

R. Le Royaume d'Israël subsista environ deux cent cinquante ans, jusqu'au règne d'Osée, sous lequel il fut détruit.

14. D. *Par qui ce Royaume fut-il détruit ?*

D. Par Salmanasar, Roi d'Assyrie, qui prit la ville de Samarie, capitale du Royaume d'Israël, et transporta les dix Tribus en Assyrie, d'où elles furent ensuite dispersées en divers pays.

15. D. *Les Israëlites des dix Tribus revinrent-ils dans leur patrie ?*

R. Il n'y en revint qu'un petit nombre, et la plupart demeurèrent dans leur dispersion.

16. D. *Combien de tems le Royaume de Juda subsista-t-il après que celui d'Israël eut été détruit ?*

R. Le Royaume de Juda subsista encore cent trente ans, ayant pour ville capitale Jérusalem.

____

(1) Rois, XVII, *etc.* et 2 Rois, II.

17. D. *Le vrai Dieu n'était il pas adoré à Jérusalem ?*

R. Le vrai Dieu était adoré dans le temple de Jérusalem que le Roi Salomon avait fait bâtir, mais cela n'empêcha pas que des Rois impies y introduisissent quelquefois l'idolâtrie.

18. D. *Dieu ne suscita-t-il pas aussi des Prophètes dans le Royaume de Juda ?*

R. Dieu y suscita alors plusieurs Prophètes, comme Esaïe, Jérémie, Osée, Amos, Michée, etc.

19. D. *Que faisaient ces Prophètes ?*

R. Ces Prophètes s'opposaient à l'idolâtrie et aux déréglemens du peuple ; ils dénonçaient les jugemens de Dieu, ils prédisaient la venue du Messie.

20. D. *N'y eut il pas quelques Rois pieux dans le Royaume de Juda ?*

R. Il y eut quelques Rois pieux et zélés : comme *Josaphat*, *Jonathan*, *Ezéchias* et *Josias*, qui travaillèrent à déraciner l'idolâtrie et à retirer leurs sujets de leurs désordres.

21. D. *Les remontrances des Prophètes et les soins de ces Rois pieux, ramenèrent-ils les Juifs à leur devoir ?*

R. Non, les Juifs persévérèrent dans leurs péchés, ce qui fit que Dieu les châtia et les affligea à diverses fois par le moyen des Rois voisins.

22. D. *Par qui le Royaume de Juda fut-il enfin détruit ?*

R. Le Royaume de Juda fut détruit par Nébucadnésar, Roi de Babylone, qui assiégea la ville de Jérusalem, sous le règne de Sédécias, dernier Roi de Juda, la prit et la brûla avec le Temple.

23. D. *Quel traitement Nébucadnésar fit-il aux Juifs ?*

R. Après en avoir fait périr un grand nombre, il transporta à Babylone presque tous ceux qui étaient demeurés de reste.

24. D. *En quel tems cela arriva-t-il ?*

R. Jérusalem fut détruite par Nébucadnésar quatre cent vingt ans après que le Roi Salomon eut bâti le Temple, et environ cinq cent quatre-vingts ans avant la naissance de Jésus-Christ.

CHAPITRE VI

Du tems qui s'est écoulé depuis la captivité de Babylone jusqu'à Jésus-Christ.

1. D. *Les Juifs furent-ils long-tems captifs à Babylone ?*

R. Les Juifs furent captifs à Babylone pendant soixante et dix ans, comme le Prophète Jérémie l'avait prédit (1).

2. D. *Y eut-il quelque Prophéte parmi eux en ce tems-là ?*

R. Il y eut Ezéchiel et Daniel.

3. D. *Quand ces soixante et dix ans furent écoulés, qu'arriva-t-il ?*

R. Les Juifs revinrent dans leur pays (2).

4. D. *Quel est le Roi qui leur en accorda la permission ?*

R. Ce fut Cyrus, Roi de Perse.

5. D. *Sous la conduite de qui les Juifs retournèrent-ils en Judée ?*

R. Ils y retournèrent sous la conduite de Zorobabel, qui était prince du sang royal de Juda.

6. D. *Que firent les Juifs après être revenus dans leur pays ?*

---

(1) Jérémie, XXV, v. 12.　　　(2) Esaïe I.

R. Ils se mirent a rebâtir la Ville et le Temple de Jérusalem.

7. D. *Ne furent-ils pas traversés dans cet ouvrage ?*

R. Ils furent traversés par les peuples voisins, ensorte que l'ouvrage fut interrompu jusqu'au tems de Darius, fils d'Histaspe, Roi de Perse, qui ordonna de le continuer.

8. D. *Quels Prophètes Dieu envoya-t-il en ce tems-là ?*

R. Dieu envoya Agée et Zacharie pour encourager les Juifs à remettre en état le Temple et le Service divin.

9. D. *Qui est-ce qui fit rebâtir plusieurs années après les murailles de Jérusalem ?*

R. Ce fut Néhémie que le Roi Artaxerxès envoya à Jérusalem en qualité de Gouverneur (1).

10. D. *Que fit de plus Néhémie ?*

R. Ce sage et pieux Gouverneur rétablit l'ordre et la police dans cette ville.

11. D. *Sous quels Princes vécurent les Juifs après leur retour de Babylone.*

R. Les Juifs vécurent d'abord sous la domination des Rois de Perse, après quoi ils furent soumis au Roi de Syrie, successeurs d'Alexandre-le-Grand.

12. D. *A quoi furent-ils exposés sous la domination des Rois de Syrie ?*

R. Les Juifs furent exposés à diverses persécutions, surtout sous le Roi *Antiochus* surnommé l'*Illustre*.

13. D. *Que fit le Roi Antiochus ?*

R. Antiochus pilla et profana le Temple de Jérusalem ; il y fit cesser le Service divin pendant trois ans et demi, et il employa toutes

____

(1) Néhémie I, *etc.*

sortes de cruautés pour contraindre les Juifs à renoncer à leur religion.

14. D. *Que firent alors les plus zélés d'entre les Juifs ?*

R. Matathias et plusieurs autres Juifs s'unirent pour défendre leur Religion et leur liberté.

15. D. *Réussirent-ils dans leur dessein ?*

R. Oui, Judas Macabée et Jonathan, tous deux fils de Matathias, remportèrent des victoires sur le Roi Antiochus, et le Service divin fut enfin rétabli.

16. D. *Par qui les Juifs furent-ils ensuite gouvernés ?*

R. Les Juifs furent gouvernés, l'espace d'environ cent ans, par les successeurs de Judas Macabée, qui étaient Sacrificateurs, et qui prirent le titre de Rois. On les appelle les Rois Asmonéens.

17. D. *Après cela quel fut l'état des Juifs ?*
R. Les Juifs tombèrent sous la puissance des Romains.

18. D. *Quel est le Roi que les Romains établirent sur les Juifs ?*

R. Ce fut Hérode, fils d'Antipater, Iduméen.

19. D. *Qu'arriva-t-il de remarquable sous le règne d'Hérode ?*

R. Ce fut sous le règne d'Hérode que Notre-Seigneur Jésus-Christ vint au monde.

CHAPITRE VII.

De la Naissance de Jésus-Christ, de sa Vie, de sa Mort, de sa Résurrection et de son Elévation dans le Ciel.

1. D. Qu'y a-t-il à remarquer sur le temps auquel Jésus-Christ vint au monde ?

R. C'est que Jésus-Christ vint au monde dans le temps qui avait été marqué par les Prophètes.

2. D. *Lequel est-ce des Prophètes qui avait principalement marqué ce tems?*

R. C'est particulièrement Daniel, qui avait dit que le Messie viendrait vers la fin du terme de septante semaines d'années, ce qui fait quatre cent quatre-vingt et dix ans.

3. D. *Qui fut la mère de Jésus?*

R. Ce fut la Vierge Marie, fiancée à Joseph, qui était charpentier.

4. D. *Dieu ne lui avait-il pas fait annoncer qu'elle serait la mère du Messie?*

R. Oui, Dieu envoya vers elle l'Ange Gabriël pour lui apprendre qu'elle deviendrait enceinte par la vertu du Saint-Esprit, et qu'elle mettrait au monde un enfant qui serait appelé le Fils de Dieu (1)

5. D. *Où est-ce que naquit Jésus?*

R. A Bethléem, ville de Judée.

6. D. *De quelle Tribu et de quelle famille étaient Marie et Joseph?*

R. De la Tribu de Juda et de la famille de David.

7. D. *Quels événemens rendirent illustre la Naissance de Jésus-Christ?*

R. La manière dont cette naissance fut annoncée par les Anges aux Bergers de Bethléem : ce que dit Siméon dans le Temple lorsque Jésus y fut présenté ; et l'arrivée des trois Mages d'Orient qui vinrent adorer ce divin Enfant.

8. D. *Qui fut le précurseur de Jésus-Christ?*

R. Jean-Baptiste, qui naquit peu de temps avant lui d'une manière extraordinaire.

---

(1) Luc, . I, v. 30.

9. D. *Que faisait Jean-Baptiste pour prépa-rer les Juifs à recevoir Jésus-Christ?*

R. Il prêchait l'amendement, il baptisait ceux qui croyaient à sa prédication, il annonçait l'approche du règne de Dieu, et il rendait témoignage à Jésus-Christ.

10. D. *Jésus se fit-il d'abord connaître pour le Christ ou le Messie?*

R. Jésus ne commença à enseigner publiquement et à faire des miracles qu'à l'âge de trente ans.

11. D. *Jésus ne voulut-il pas aussi être baptisé par Jean-Baptiste?*

R. Oui, et il arriva alors que le Ciel s'ouvrit, le Saint-Esprit descendit sur lui sous la forme d'une Colombe, et l'on entendit une voix du Ciel qui dit: *C'est ici mon fils bien-aimé en qui j'ai mis toute mon affection* (1).

12. D. *Où avons-nous l'Histoire de la vie de Jésus-Christ?*

R. Nous avons cette Histoire dans les quatre Evangiles.

13. D. *Que devons-nous principalement observer dans la vie de Jésus-Christ?*

R. Nous devons y observer trois choses.

14. D. *Quelle est la première?*

R. C'est la doctrine qu'il a enseignée, qui est toute sainte, qui tend uniquement à la gloire de Dieu, et à rendre les hommes saints et heureux.

15. D. *Que voit-on en second lieu dans la vie de Jésus-Christ?*

R. Ce sont les miracles qu'il a faits, et dont le nombre a été très-grand.

16. D. *Que découvre-t-on dans les miracles de Notre Seigneur?*

---

(1) Math. III, v. 16, 17.

R. On y découvre une puissance infinie, et une grande bonté.

17. D. *Pourquoi Jésus-Christ a-t-il fait tous ces miracles ?*

R. Jésus-Christ a fait tous ces miracles, pour montrer que sa doctrine était divine, et qu'il était le fils de Dieu.

18. D. *Que voyons-nous en troisième lieu dans la vie de Notre-Seigneur ?*

R. La vie de Notre-Seigneur a été parfaitement sainte, et nous y trouvons le modèle de toutes sortes de vertus.

19. D. *Quelles sont les vertus qui ont surtout paru dans la vie de Jésus-Christ ?*

R. C'est son grand zèle pour la gloire de Dieu, sa charité, sa douceur, son humilité, et un entier détachement du monde.

20. D. *Qui est-ce que Jésus-Christ avait avec lui quand il était sur la terre ?*

R. Il avait avec lui les douze Apôtres qu'il avait choisis, et plusieurs autres Disciples.

21. D. *Combien de temps vécut-il parmi les Juifs en exerçant son Ministère ?*

R. Jésus-Christ enseigna publiquement et fit des miracles pendant près de quatre ans.

22. D. *Les Juifs le reçurent-ils et crurent-ils en lui ?*

R. Le plus grand nombre des Juifs et surtout les Principaux le rejettèrent.

23. D. *Que lui firent-ils à la fin et jusqu'où poussèrent-ils leur haine ?*

R. Jusqu'à le faire mourir et le crucifier à la Fête de Pâques entre deux brigands.

24. D. *Par qui fut-il enseveli ?*

R. Par Joseph d'Arimathée, et il fut mis dans un sépulcre neuf.

25. D. *Demeura-t-il dans le sépulcre ?*

R. Non, car comme il l'avait promis à ses Apôtres, il ressuscita le troisième jour après sa mort, et se fit voir à ses disciples.

26. D. *Jésus demeura-t-il encore long-tems sur la Terre après être ressuscité ?*

R. Il y demeura encore quarante jours.

27. D. *Qu'ordonna-t-il aux Apôtres avant de quitter le monde ?*

R. Il leur ordonna d'aller annoncer l'Evangile par toute la Terre.

28. D. *Que lui arriva-t-il ensuite ?*

R. Il fut élevé au ciel.

29. D. *Qu'envoya-t-il à ses Apôtres après être monté au ciel ?*

R. Il leur envoya le Saint-Esprit, dix jours après l'Ascension, le jour de la Pentecôte.

CHAPITRE VIII.

De la Prédication des Apôtres et de l'établissement de la Religion Chrétienne.

1. D. *Où est-ce que les Apôtres commencèrent à prêcher l'Evangile après avoir reçu le Saint-Esprit ?*

R. Les Apôtres prêchèrent d'abord l'Evangile à Jérusalem, et un grand nombre de Juifs embrassèrent la Religion Chrétienne (1).

2. D. *Comment confirmaient-ils leur Prédication ?*

R. Les Apôtres confirmaient leur Prédication par des miracles.

3. D. *Les Apôtres annoncèrent-ils d'abord l'Evangile aux Payens ?*

R. Non, ils s'arrêtèrent pendant quelque temps à Jérusalem et dans la Judée.

---

(1) Actes des Apôtres, I. et suivans.

4. D. *Quand est-ce que l'Evangile commença à être annoncé aux Payens?*

R. Ce fut après que Dieu eut fait connaître à St. Pierre, par une révélation, que l'Evangile devait aussi être prêché à toutes les nations, comme on le voit dans le livre des Actes des Apôtres, au Chapitre dixième.

5. D. *Que firent donc alors les Apôtres?*

R. Les Apôtres allèrent prêcher la Religion Chrétienne par toute la Terre.

6. D. *Les Apôtres ne rencontraient-ils pas des Juifs dans tous les lieux où ils allaient?*

R. Les Apôtres trouvaient des Juifs presque partout, et c'était à eux qu'ils s'adressaient premièrement.

7. D. *Qui étaient ces Juifs?*

R. C'étaient principalement de ces Juifs des dix Tribus qui avaient été dispersés par tout le monde plusieurs siècles auparavant.

8. D. *Les Apôtres ne s'adressèrent-ils pas aussi aux Payens?*

R. Oui, les Apôtres appelaient toutes sortes de personnes indifféremment au salut.

9. D. *Quel fut l'effet de la prédication des Apôtres et des premiers ministres de Jésus-Christ?*

R. Un très-grand nombre de personnes embrassèrent la Religion Chrétienne dans les divers pays du monde.

10. D. *Que faut-il remarquer sur ces progrès merveilleux de l'Evangile?*

R. Ces progrès prouvent la divinité de la Religion de Jésus-Christ.

11. D. *Comment cela?*

R. Parce qu'on vit dans ces progrès l'accomplissement de ce que Jésus-Christ avait prédit touchant l'établissement de son règne.

2

12. D. *Qu'est-ce qu'il y a encore de remarquable en cela?*

R. C'est qu'une infinité de personnes embrassèrent la Religion Chrétienne, quoiqu'elle fût alors persécutée.

13. D. *Qu'arriva-t-il aux Juifs en ce tems-là?*

R. La ville de Jérusalem fut prise et rasée par les Romains, le Temple fut brûlé, et une grande partie des Juifs périt dans cette guerre.

14. D. *Que devinrent les restes de cette Nation?*

R. Ils furent dispersés par toute la Terre.

15. D. *En quel tems arriva cette ruine des Juifs?*

R. La dernière ruine des Juifs arriva environ quarante ans après la mort de Notre-Seigneur, comme lui-même l'avait expressément prédit.

16. D. *Les Juifs ont-ils pu se relever de cette ruine?*

R. Non, ils n'ont jamais pu s'établir dans leur ville et dans leur patrie, et ils sont encore dans leur dispersion.

17. D. *Pourquoi Dieu exerça-t-il de si terribles jugemens sur cette Nation?*

R. Pour la punir d'avoir rejeté Notre-Seigneur.

18. D. *Les Juifs sont-ils rejetés de Dieu pour toujours?*

R. Non, Saint Paul nous apprend que cette Nation se convertira un jour, et que Dieu la recevra de nouveau dans son alliance (1).

19. D. *En attendant ce tems-là, la Religion Chrétienne ne retire-t-elle aucun avantage de l'état où les Juifs sont réduits, et de leur incrédulité?*

R. Elle en retire cet avantage, que les Juifs, quoiqu'ennemis de notre Religion, sont des témoins authentiques de l'antiquité de la divinité des Livres du vieux Testament et des Ora-

____

(1) Romains X.

cles des Prophètes, puisqu'ils reçoivent ces Livres et ces Oracles aussi bien que nous.

20. D. *Que voyons-nous encore dans la dispersion des Juifs ?*

R. Nous y voyons un accomplissement sensible des prédictions de Jésus-Christ.

CHAPITRE IX.
Abrégé de la Religion Chrétienne.

1. D. Que faut-il savoir pour avoir une connaissance plus exacte de la Religion que les Apôtres annonçaient ?

R. Il faut savoir ce que les Apôtres exigeaient des hommes, et ce qu'ils leur promettaient.

2. D. *Qu'est-ce que les Apôtres exigeaient ?*

R. Les Apôtres exigeaient deux choses, savoir : que les hommes crussent et qu'ils s'amendassent.

3. D. *En qui voulaient-ils que les hommes crussent ?*

R. Ils voulaient que les hommes crussent en Dieu et en Jésus-Christ.

4. D. *Que devaient faire les Payens en particulier ?*

R. Les payens devaient renoncer à l'idolâtrie et promettre de n'adorer et de ne servir que le vrai Dieu.

5. D. *Que devaient faire les Juifs ?*

R. Les Juifs devaient croire que Jésus était le Messie, ou le Grand Sauveur qui avait été promis par leurs Prophètes.

6. D. *Qu'est-ce que les Apôtres annonçaient touchant Jésus-Christ ?*

R. Qu'il était venu au monde pour racheter les hommes.

7. D. *De quoi Jésus-Christ est-il venu racheter et délivrer les hommes ?*

R. Il est venu pour les délivrer de leurs péchés, de la condamnation et de la mort.

8. D. *Et qu'est-ce que Jésus-Christ a acquis à ceux qui croient en lui ?*

R. Jésus-Christ leur a acquis le droit de la vie éternelle.

9. D. *Quelle est la seconde chose que les Apôtres exigeaient ?*

R. La seconde chose qu'ils exigeaient, était que les hommes s'amendassent, et qu'ils changeassent de conduite.

10. D. *En quel état étaient alors les hommes ?*

R. Les hommes étaient très-corrompus et engagés dans toutes sortes de crimes.

11. D. *Quels étaient les principaux péchés qui régnaient alors dans le monde ?*

R. Les principaux péchés qui régnaient, étaient l'impiété, l'impureté, l'intempérance, la cruauté, l'injustice, l'avarice et l'orgueil.

12. D. *Que fallait-il que fissent ceux qui voulaient être reçu dans l'Eglise ?*

R. Il fallait qu'ils renonçassent solennellement à tous ces péchés, et qu'ils promissent de vivre selon les commandemens de Dieu.

13. D. *Que promettaient les Apôtres à ceux qui croiraient en Dieu et qui s'amenderaient ?*

R. Les Apôtres leur faisaient deux excellentes promesses.

14. D. *Quelle était la première de ces promesses ?*

R. Les Apôtres promettaient aux hommes que Dieu leur pardonnerait les péchés qu'ils avaient commis avant leur vocation à la Religion Chrétienne.

15. D. *Quelle était la seconde promesse ?*

R. La seconde promesse était que Dieu les recevrait dans son Alliance, et qu'il leur donnerait la vie éternelle.

16. D. *Par quel moyen ces promesses étaient-elles confirmées ?*

R. Ces promesses étaient confirmées par le Saint Baptême.

18. D. *De quoi les Apôtres menaçaient-ils ceux qui refuseraient de croire à Jésus-Christ ?*

R. Les Apôtres leur déclaraient qu'ils seraient exclus du salut, et leur dénonçaient la mort éternelle.

18. D. *Quel est donc le devoir de ceux qui connaissent cette Divine Religion que les Apôtres ont prêchée ?*

R. Leur devoir est de l'aimer, de s'y attacher, et de faire ce qu'elle commande.

19. D. *Quel bien nous en reviendra-t-il ?*

R. Nous obtiendrons par ce moyen la gloire et la félicité céleste.

20. D. *Quand serons-nous rendus participans de cette gloire ?*

R. Nous en serons rendus participans au dernier jour, lorsque Jésus-Christ viendra pour juger le monde.

FIN DE L'ABRÉGÉ DE L'HISTOIRE SAINTE.

ABRÉGÉ DU CATÉCHISME.

Première partie.

Des Vérités de la Religion Chrétienne.

SECTION I.

De la Religion en général, et de la connaissance de Dieu.

1. D. Quelle est la plus nécessaire de toutes les connaissances ?

R. La plus nécessaire de toutes les connaissances est celle de la Religion.

2. D. *Qu'est-ce que la Religion ?*

R. La Religion consiste à connaître Dieu et à le servir.

3. D. *Pourquoi dites-vous que la connaissance de la Religion est la plus nécessaire de toutes ?*

R. Parce qu'il n'y a que la Religion qui puisse nous rendre parfaitement heureux, et que sans elle nous ne pouvons être que très-misérables.

4. D. *Quels sont donc les avantages que la Religion procure ?*

R. La Religion nous console dans les afflictions, elle nous délivre du péché et de la crainte de la mort, et elle nous donne l'assurance d'un bonheur éternel après cette vie.

5. D. *Suffit-il pour être heureux de connaître la Religion ?*

R. La seule connaissance de la Religion ne nous rendra point heureux, si elle ne produit pas la crainte de Dieu et la piété.

6. D. *Quel est le fondement de la Religion ?*

R. Le fondement de la Religion est de croire qu'il y a un Dieu.

7. D. *Qu'est-ce que Dieu ?*

R. Dieu est un esprit infini et très-parfait, qui a créé le monde, et de qui toutes choses dépendent.

8. D. *D'où savons-nous qu'il y a un Dieu ?*

R. Nous ne pouvons voir Dieu, parce qu'il est esprit ; mais nous le connaissons par les lumières de la raison, par les sentimens de la conscience et par l'Ecriture Sainte.

9. D. *Comment est-ce que les lumières de la raison nous font connaître qu'il y a un Dieu ?*

R. La raison fait comprendre qu'il doit y avoir une première cause de tout, et que cet Univers, dans lequel on voit tant de créatures différentes et un ordre si admirable, est l'ouvrage d'une Puissance, d'une Sagesse et d'une Bonté infinie.

10. D. *Comment est-ce que Saint Paul exprime cette vérité ?*

R. Saint Paul dit : *que les perfections invisibles de Dieu, sa puissance éternelle et sa divinité, se voient comme à l'œil, depuis la création du monde, quand on considère ses ouvrages* (1).

11. D. *Comment est-ce que les sentimens de la conscience nous apprennent qu'il y a un Dieu ?*

R. La conscience nous fait sentir qu'il y a un Maître de qui nous dépendons, et un Juge que nous devons craindre, lors même que nous n'aurions rien à craindre de la part des hommes.

12. D. *Par quel moyen Dieu s'est-il encore fait connaître ?*

R. Dieu s'est fait connaître de la manière la

____

(1) Romains II, v. 10.

plus claire et la plus parfaite dans sa parole, ou dans l'Ecriture Sainte.

SECTION II.

De l'Ecriture sainte.

1. D. *ETAIT-IL nécessaire que Dieu se révélât aux hommes par l'Ecriture sainte?*

R. Cette révélation était absolument nécessaire, à cause de l'état d'ignorance et de corruption où les hommes étaient réduits.

2. D. *Combien y a-t-il de parties dans l'Ecriture Sainte?*

R. L'Ecriture Sainte a deux parties, qui sont le vieux Testament et le nouveau.

3. D. *Qu'appellez-vous le vieux Testament?*

R. Le vieux Testament comprend les Livres sacrés qui ont été écrits par Moïse et par les Prophètes avant la venue de Jésus-Christ.

4. D. *Qu'est ce que le nouveau Testament?*

R. Ce sont les Livres sacrés qui ont été écrits par les Apôtres et par les Evangélistes, après la venue de Jésus-Christ.

5. D. *Quelles sont les parties du nouveau Testament?*

R. Le nouveau Testament contient les quatre *Évangiles*, qui sont l'Histoire de la Vie de Jésus-Christ; les *Actes des Apôtres*, où il est raconté ce que les Apôtres firent après l'Ascension de leur Maître; et *les Épîtres*, qui sont des Lettres que les Apôtres ont écrites à diverses Eglises, ou à de certaines personnes.

6. D. *Que croyez-vous de l'Ecriture sainte?*

R. Je crois que l'Ecriture Sainte est véritable, et que Dieu en est l'Auteur.

7. D. *Ne sont-ce pas des hommes qui ont écrit ce Livre ?*

R. Oui, mais ils l'ont fait étant inspirés et conduits par l'esprit de Dieu : *Toute l'Ecriture est divinement inspirée.* 2 Tim. III. 16

8. D. *Comment montrez-vous que ce livre vient de Dieu et non pas des hommes ?*

R. Parce qu'on y voit des choses qui ne sauraient venir des hommes, et qui ne peuvent procéder que de Dieu, et particulièrement les Prophéties, ou les Prédictions de ce qui devait arriver long-temps après.

9. D. *Pourquoi l'Ecriture Sainte nous a-t-elle été donnée ?*

R. L'Ecriture nous a été donnée pour être la règle de ce que nous devons croire et de ce que nous devons faire pour être sauvés.

10. D. *Quel usage devons-nous donc faire de la parole de Dieu ?*

R. Nous devons la lire et la méditer continuellement et avec soin.

11. D. *Comment faut-il la lire pour en retirer du profit ?*

R. Il faut lire l'Ecriture Sainte avec attention, avec humilité, et surtout avec une intention sincère de faire la volonté de Dieu.

SECTION III.

De la Religion Chrétienne et de la Foi.

1. D. QUELLE *est la véritable Religion ?*

R. C'est la Religion Chrétienne, qui nous enseigne à croire au vrai Dieu et en Jésus-Christ.

2. D. *Comment montrez-vous que c'est en cela que la Religion Chrétienne consiste ?*

R. Par les propres paroles de notre Seigneur :

2*

C'est ici la vie éternelle, qu'ils te connaissent, toi qui es le seul vrai Dieu, et Jésus-Christ qui tu as envoyé (1).

3. D. *Combien y a-t-il de parties dans la Religion Chrétienne ?*

R. La Religion Chrétienne a deux parties principales.

4. D. *De quoi traite la première partie de la Religion ?*

R. La première partie traite de la Foi, ou des vérités que nous devons croire.

5. D. *De quoi traite la seconde partie ?*

R. La seconde partie de la Religion nous instruit de nos devoirs, ou de ce que nous devons faire.

6. D. *Qu'est-ce que la Foi ?*

R. La Foi est une persuasion ferme des vérités que Dieu a révélées dans sa parole.

7. D. *Qu'est-ce qu'un Chrétien doit principalement croire ?*

R. Un Chrétien doit croire surtout, que Jésus-Christ est le Fils de Dieu et le Sauveur du monde ; qu'il est mort pour nos péchés, et qu'il a acquis la vie éternelle à tous ceux qui ont une véritable Foi.

8. D. *Et à quoi peut-on reconnaître qu'on a la véritable Foi ?*

R. On le reconnaît surtout par les bonnes œuvres.

9. D. *Peut-on avoir la Foi quand on n'obéit pas aux commandemens de Dieu ?*

R. Cela est impossible, *car la Foi, qui est sans les œuvres, est morte* (2).

---

(1) Jean, XVII. v. 3. (2) Jacques, I. v. 20

SECTION IV.

Du Symbole des Apôtres.

1. D. *Où trouvons-nous un abrégé des principaux articles de la Foi chrétienne ?*

R. Nous avons cet abrégé dans le Symbole des Apôtres.

2. D. *Pourquoi l'appelle-t-on le Symbole des Apôtres ?*

R. On l'appelle le Symbole des Apôtres, non que les Apôtres eux-mêmes l'ayent composé, mais parce que c'est un abrégé de la Doctrine que les Apôtres ont prêchée partout.

3. D. *Combien y a-t-il de parties dans le Symbole ?*

R. Il y en a trois.

4. D. *Quelles sont les trois parties du Symbole des Apôtres ?*

R. Dans la première nous faisons profession de croire en Dieu le Père ; nous déclarons dans la seconde, que nous croyons en Jésus-Christ son Fils , et dans la troisième que nous croyons au Saint - Esprit ; après quoi il est parlé de l'Eglise et des grâces que Dieu lui accorde dans cette vie , et dans la vie à venir.

5. D. *Puisqu'il n'y a qu'un seul Dieu, pourquoi croyez-vous au Père, au Fils, et au Saint-Esprit ?*

R. Parce que l'Ecriture nous apprend que l'Essence divine est commune au Père , au Fils et au Saint-Esprit.

6. D. *Où est-il parlé du Père , du Fils et du Saint-Esprit ?*

R. Il en est parlé dans tout le Nouveau Testament, et en particulier au chapitre XXVII de St. Matthieu où Notre-Seigneur ordonne *de baptiser au nom du Père , du Fils et du Saint-Esprit.*

7. D. *Est-il nécessaire de croire au Père,
au Fils et au Saint-Esprit?*

R. Cela est nécessaire, parce que Dieu le
Père est notre Créateur, parce que le Fils nous
a rachetés, et parce que le Saint-Esprit nous
sanctifie.

SECTION V.

*De la première partie du Symbole ou de la Foi
en Dieu.*

1. D. *Récitez le premier article du Symbole?*

R. Je crois en Dieu le Père Tout-puissant,
Créateur du Ciel et de la Terre.

2. D. *Pourquoi cet article est-il le premier ?*

R. Parce que toute la Religion est fondée sur
cette croyance, qu'il y a un Dieu qui a créé le
monde.

3. D. *N'y a-t-il qu'un seul Dieu ?*

R. La raison nous dit qu'il ne peut y avoir
qu'un seul Dieu Tout-puissant, et de qui toutes
choses dépendent.

4. D. *L'Ecriture Sainte ne nous apprend-
elle pas aussi qu'il n'y a qu'un seul Dieu ?*

R. Oui, Moïse dit : *l'Éternel notre Dieu est
le seul Éternel.* Deut. VI. ℣. 4. et St. Paul dit :
il y a un seul Dieu et Père de tous, Ephés.
IV. ℣. 6.

5. D. *Pourquoi donnons-nous à Dieu le nom
de Père ?*

R. Parce qu'il est le Créateur et le Maître de
toutes choses, et parce qu'il est en particulier
le père de Jésus-Christ et des Fidèles.

6. D. *Que signifie le titre de* Tout-puissant ?

R. Nous appelons Dieu *Tout-puissant,* parce
qu'il tient toutes choses en sa puissance, et
qu'il peut faire tout ce qu'il veut.

7. D. *Quelles sont les autres perfections de Dieu ?*

R. Dieu est éternel, il est spirituel, immortel et présent partout ; il connait toutes choses ; il est tout bon, tout sage, parfaitement Saint et souverainement Juste.

8. D. *Qu'est-ce que croire en Dieu ?*

R. Croire en Dieu, c'est premièrement croire qu'il y a un Dieu ; c'est après cela l'adorer, le servir, et attendre de lui seul notre bonheur.

SECTION VI.

De la Création et de la Providence.

1. D. *En quoi Dieu a-t-il fait connaître sa Toute-Puissance et ses perfections ?*

R. En créant le Ciel et la Terre, et toutes les choses qui y sont.

2. D. *Est-ce assez de croire que Dieu a créé le monde ?*

R. Il faut croire, outre cela, que Dieu gouverne tout le monde par sa Providence, en sorte qu'il n'y arrive rien sans sa volonté ou sans sa permission.

3. D. *Dieu gouverne-t-il toutes les créatures de la même manière ?*

R. Non, Dieu ne gouverne pas les créatures dénuées de raison comme il gouverne les créatures raisonnables.

4. D. *Comment Dieu gouverne-t-il les créatures dénuées de raison ?*

R. Dieu les gouverne uniquement par sa Toute-Puissance.

5. D. *Comment conduit-il les créature intelligentes ?*

R. Dieu gouverne les créatures intelligentes par sa Puissance et par les lois qu'il leur donne.

6. D. *Dieu est-il la cause et l'auteur des péchés que les hommes commettent?*

R. Dieu n'est en aucune façon l'auteur du péché, et ce serait une impiété et un blasphème de le dire.

7. D. *A quoi nous oblige la doctrine de la providence de Dieu?*

R. La croyance de la Providence nous oblige à quatre devoirs principaux.

8. D. *Quel est le premier devoir?*

R. Puisque tout est conduit par sa Providence, nous devons reconnaître que c'est à Dieu que nous sommes redevables de tous les biens dont nous jouissons, et être engagés par là à l'aimer.

9. D. *Quel est le second devoir?*

R. C'est d'être patiens et résignés dans les afflictions que Dieu nous envoie, et d'en faire un bon usage.

10. D. *A quoi nous engage en troisième lieu cette doctrine?*

R. Puisque Dieu gouverne toutes choses avec sagesse et avec bonté, nous pouvons et nous devons nous confier en lui, et croire qu'il a soin de nous.

11. D. *Quel est le quatrième devoir?*

R. C'est de vivre saintement devant Dieu et de craindre de l'offenser, nous souvenant que nous sommes toujours en sa présence et qu'il nous faudra lui rendre compte de toute notre conduite.

SECTION VII.

De la Foi en Jésus-Christ, de ses Noms et de ses Charges.

1. D. *DE quoi traite la seconde partie du Symbole des Apôtres?*

R. La seconde partie du Symbole traite de la Foi en Jésus-Christ.

2. D. *Est-il nécessaire de croire en Jésus-Christ?*

R. La Foi en Jésus-Christ est nécessaire, puisque ce n'est que par lui que nous pouvons être sauvés.

3. D. *Les hommes avaient-ils besoin d'un Sauveur ?*

R. Oui, parce qu'ils étaient pécheurs.

4. D. *Qu'est-ce que croire en Jésus-Christ ?*

R. Croire en Jésus-Christ, c'est croire qu'il est le Fils de Dieu et le Sauveur du monde, et fonder sur lui seul toute l'espérance de notre salut.

5. D. *A quoi reconnaît-on ceux qui croient en Jésus-Christ ?*

R. Ceux qui croient véritablement en Jésus-Christ, font une profession publique de sa doctrine, et ils lui obéissent.

6. D. *Que signifie le nom de Jésus ?*

R. Le nom de *Jésus* signifie *Sauveur*.

7. D. *Pourquoi notre Seigneur est-il appelé de ce nom ?*

R. Le nom de Jésus lui fut donné par le commandement de Dieu, parce qu'il devait sauver les hommes de leurs péchés.

8. D. *Que signifie le nom de Christ ?*

R. Le nom de Christ signifie oint ou consacré, et le nom de Messie signifie la même chose.

9. D. *Pourquoi Jésus est-il appelé le Christ ou l'oint du Seigneur ?*

R. Parce que Dieu l'a établi pour être Roi, Sacrificateur et Prophète.

10. D. *Pourquoi lui donnons-nous le titre de Roi?*

R. Parce qu'il règne sur toutes choses, et particulièrement sur l'Eglise.

11. D. *Comment Jésus est-il Sacrificateur ?*

R. Jésus est appelé sacrificateur, parce qu'il s'est offert en sacrifice pour nos péchés, et parce qu'il intercède pour nous dans le Ciel.

12. D. *Comment est-il Prophète ?*

R. Parce qu'il a enseigné la volonté de Dieu de la manière la plus parfaite.

SECTION VIII.
De la nature divine et humaine de Jésus-Christ.

1. D. *Pourquoi donnons-nous à Jésus-Christ la qualité de Fils unique de Dieu ?*

R. Jésus est le Fils unique de Dieu, non-seulement à cause de sa naissance miraculeuse et de sa résurrection, mais aussi, et principalement, parce qu'il est d'une même nature avec Dieu son Père.

2. D. *Comment savez-vous que Jésus-Christ est d'une même nature avec Dieu son Père ?*

R. St. Jean dit (1) : *que la parole était au commencement avec Dieu, et que cette parole était Dieu:* St. Paul l'appelle *Dieu au-dessus de toutes choses béni éternellement* (2).

3. D. *Pourquoi l'appellons-nous notre Seigneur ?*

R. Jésus est notre Seigneur, parce qu'il s'est acquis un droit absolu sur nous en nous rachetant, et parce que Dieu lui a donné une souveraine puissance sur toutes choses.

4. D. *Jésus-Christ n'est-il pas aussi homme ?*

R. Jésus-Christ a été un homme semblable à nous en toute chose, excepté dans le péché.

5. D. *Comment est-il né ?*

R. Il est né d'une manière miraculeuse ; *car il a été conçu du Saint-Esprit, et il est né de la Vierge Marie.*

---

(1) Jean, I. v. 1.　　　　(2) Rom, IX. v. 5.

6. D. *Cette naissance miraculeuse avait-elle été prédite ?*

R. Le Prophète Esaïe avait dit (1) : *une Vierge sera enceinte, et elle enfantera un Fils, on le nommera Emmanuël,* ce qui signifie Dieu avec nous.

7. D. *Qu'est-ce que les Prophètes avaient encore prédit ?*

R. Les Prophètes avaient prédit que le Messie naîtrait à Bethléem, et dans le temps que l'état des Juifs et le Temple de Jérusalem subsisteraient encore ; ce qui a été exactement accompli.

8. D. *Pourquoi Jésus-Christ a-t-il dû être un homme ?*

R. Il a fallu que Jésus-Christ fut homme, afin qu'il pût vivre parmi les hommes et mourir pour eux.

SECTION IX.

Des souffrances et de la mort de Jésus-Christ.

1. D. *Que signifie cet article du Symbole où nous disons que Jésus-Christ a souffert ?*

R. Cet article marque ce que Jésus - Christ souffrit lorsqu'il fut condamné à mort par les Juifs.

2. D. *Pourquoi est-il dit qu'il a souffert sous Ponce-Pilate ?*

R. Parce que notre Seigneur fut mis à mort ensuite de la sentence de Ponce-Pilate qui était Gouverneur de la Judée, établi de la part de l'empereur de Rome.

3. D. *Quel fut le supplice que Jésus-Christ souffrit ?*

---

(1) Esaïe, VII. v. 14.

R. Il souffrit le supplice de la Croix, qui était très-cruel, et qu'on regardait comme infâme et maudit.

4. D. *Quelles réflexions faites-vous sur cela ?*

R. Que notre Seigneur a été traité comme s'il eut été coupable des plus grands crimes, et qu'il a été mis au rang des malfaiteurs (1).

5. D. *Pourquoi Jésus-Christ s'est-il abaissé jusqu'à la mort ?*

R. Jésus-Christ est mort, afin qu'il expiât les péchés des hommes, et qu'il satisfît à la Justice de Dieu.

6. D. *Quelle autre raison y a-t-il de cette mort ?*

R. Dieu a voulu que Jésus-Christ mourût, afin qu'il pût ressusciter, et pour rendre par-là l'espérance de notre résurrection plus certaine.

7. D. *Jésus-Christ n'est-il mort que pour nous faire obtenir le pardon de nos péchés, et pour nous assurer de notre résurrection ?*

R. Notre Seigneur est aussi mort pour nous sanctifier et pour nous faire renoncer au péché.

8. D. *Pourquoi a-t-il été enseveli ?*

R. La sépulture de Jésus-Christ prouve qu'il a été véritablement mort, et qu'il est véritablement ressuscité.

9. D. *Quel est le sens de cet article*, il est descendu aux Enfers ?

R. Cela signifie simplement, selon le langage ancien, que Jésus-Christ alla dans le lieu où les hommes vont après leur mort, ou qu'il fut réduit à l'état des morts.

10. D. *Où est-ce que l'âme de Jésus-Christ alla quand il mourut ?*

R. Jésus-Christ remit son Esprit entre les mains de son Père, et il fut reçu dans le Paradis.

____

(1) Marc, XV. v. 28.

SECTION X.

De la Résurrection de Jésus-Christ.

1. D. *Est-il nécessaire de croire que Jésus est ressuscité ?*

R. Toute la Religion Chrétienne est fondée sur cette croyance, et si Jésus n'était pas ressuscité, notre Foi serait vaine, et nous n'aurions rien à attendre de lui.

2. D. *Comment savons-nous que Jésus-Christ est ressuscité ?*

R. Nous le savons par le témoignage des Apôtres et d'un grand nombre de personnes qui l'ont vu après sa résurrection.

3. D. *Qu'est-ce qui fait voir que les Apôtres ont dit la vérité ?*

R. C'est qu'il ne leur revenait aucun profit selon le monde, de dire que leur maître était ressuscité ; et qu'au contraire, ils s'attiraient par-là la haine des Juifs et la persécution.

4. D. *Qu'est-ce qui prouve encore que Jésus-Christ est ressuscité ?*

R. Ce sont les événemens merveilleux qui ont suivi sa résurrection, et qu'il avait prédits.

5. D. *Quels sont ces événemens ?*

R. Ces événemens sont, l'envoi du Saint-Esprit, le succès de la prédication des Apôtres, la ruine de Jérusalem et des Juifs, et l'établissement de la religion Chrétienne partout le monde.

6. D. *Pourquoi est-il dit dans le Symbole que Jésus est ressuscité le troisième jour ?*

R. Parce qu'il avait prédit qu'il ressusciterait dans ce temps-là.

7. D. *D'où vient que Jésus-Christ est demeuré dans le tombeau jusqu'au troisième jour ?*

R. Il y est demeuré, afin qu'on ne pût pas douter qu'il n'eût été véritablement mort.

8. D. *De quoi nous assure la résurrection de Jésus-Christ ?*

R. La résurrection de Jésus-Christ prouve qu'il est le fils de Dieu, qu'il a pleinement expié nos péchés, et que nous ressusciterons au dernier jour.

9. D. *Quel effet doit produire sur nous la croyance de la résurrection de Jésus-Christ ?*

R. Cette croyance doit nous faire vivre dans la sainteté ? St. Paul dit (1) : *Que comme Jésus-Chsist est ressuscité des morts par la gloire du Père, nous devons aussi marcher dans une vie nouvelle.*

SECTION XI.

De l'Ascension de Jésus-Christ.

1. D. QU'ARRIVA-T-IL à Jésus-Christ après *sa résurrection ?*

R. Il s'arrêta encore quarante jours sur la Terre avant que de monter au Ciel.

2. D. *Pourquoi demeura-t-il encore quarante jours sur la Terre ?*

R. Il y demeura pour instruire ses disciples, et pour les convaincre parfaitement qu'il était ressuscité.

3. D. *Comment Jésus-Christ monta-t-il au Ciel ?*

R. Il y fut élevé sur une nuée en présence des Apôtres.

4. D. *Pourquoi est-il monté au Ciel ?*

R. Il est monté au Ciel pour nous en préparer l'entrée, pour intercéder pour nous, et pour régner sur toutes choses.

(1) Romain, VI. v. 4.

5. **D.** *Quel est le sens de cet article,* il s'est assis à la droite de Dieu ?

R. Cela signifie que Jésus-Christ a reçu de Dieu une souveraine puissance au Ciel et sur la Terre, comme St. Paul le dit aux *Éphésiens*, chap. I. v. 20.

6. **D.** *A quoi nous engage l'Ascension de Notre-Seigneur ?*

R. Elle nous engage à élever nos pensées et nos désirs aux Ciel, à nous soumettre à Jésus-Christ, et à nous confier en sa puissance.

SECTION XII.

Du Jugement dernier.

1. **D.** *Q*UEL est le sens de cet article du *Symbole,* il viendra de-là pour juger les vivans et les morts ?

R. Cela veut dire que Jésus-Christ descendra du Ciel au dernier jour pour juger tous les hommes.

2. **D.** *Est-il parlé de ce retour de Jésus-Christ dans les Livres sacrés ?*

R. Il en est parlé en plusieurs endroits du nouveau Testament, et particulièrement au chap. XXV de l'Evangile selon St. Matthieu.

3. **D.** *Rapportez ce que St. Paul a dit sur ce sujet ?*

R. Saint Paul dit (1), que Dieu a arrêté un jour auquel il doit juger le monde avec justice, de quoi il a donné à tous les hommes une preuve certaine en le ressuscitant des morts.

4. **D.** *Qui sont ceux que notre Seigneur jugera ?*

R. Notre Seigneur jugera tous les hommes sans exception, tant ceux qui seront alors en vie, que ceux qui seront morts auparavant.

______

(1) Actes, XVII. v. 31.

5. D. *Comment les jugera-t-il ?*

R. Il les jugera selon leurs œuvres, c'est-à-dire, qu'il les punira ou les récompensera suivant le bien ou le mal qu'ils auront fait.

6. D. *Qui sont ceux qu'il punira avec le plus de sévérité ?*

R. Ceux qui auront eu plus de connaissance et qui auront reçu plus de grâces, mais qui n'en auront pas profité, seront plus sévèrement punis.

7. D. *Quelle sera l'issue de ce jugement ?*

R. Les méchans iront aux peines éternelles, et les justes à la vie éternelle. Matth. XXV. v. 46.

8. D. *Quel usage devons-nous faire de cette doctrine ?*

R. La croyance et l'attente du jugement dernier doit nous inciter fortement à vivre dans la piété et dans la crainte de Dieu.

SECTION XIII.

Du Saint-Esprit et de ses dons.

1. D. *Pourquoi faut-il croire au Saint-Esprit ?*

R. Parce que nous sommes baptisés en son nom, et qu'il est la source de toutes les grâces salutaires.

2. D. *Qu'est-ce que l'Ecriture nous apprend touchant le Saint-Esprit ?*

R. Elle nous apprend que son essence est infinie et divine, et qu'il est la vertu toute-puissante de Dieu.

3. D. *Pourquoi cet Esprit est-il appelé Saint ?*

R. Parce qu'il est très-saint en lui-même, et parce qu'il produit en nous la sainteté.

4. D. *A qui Jésus-Christ envoya-t-il le Saint-Esprit après être monté au Ciel ?*

R. Jésus-Christ envoya le Saint-Esprit aux

Apôtres dix jours après son Ascension comme il le leur avait promis (1)

    5. D. *Quels dons cet Esprit Saint communi-*
      aux Apôtres?

R. Les Apôtres reçurent le don de parler des langues étrangères et de faire toutes sortes de miracles.

    6. D. *Le Saint-Esprit n'a-t-il été envoyé qu'aux Apôtres?*

R. L'Ecriture nous apprend que Dieu donne son Saint-Esprit à tous les Fidèles.

    7. D. *Quels sont les dons que le Saint-Esprit produit dans les Fidèles?*

R. Il produit en eux la foi, la charité, la sainteté et la consolation; et ces dons-là sont les plus salutaires.

SECTION XIV.

De l'Eglise et de son gouvernement.

1. D. **Q**u'*est-ce que l'Eglise?*

R. L'Eglise est l'assemblée ou le corps de tous ceux qui croient en Jésus-Christ.

    2. D. *Pourquoi l'Eglise est-elle appelée Sainte?*

R. Parce que Dieu se l'est consacrée, et qu'il l'appelle à la sainteté et à la gloire.

    3. D. *Pourquoi la nomme-t-on universelle ou catholique?*

R. L'Eglise est nommée universelle, parce qu'elle est répandue par tout le monde.

    4. D. *N'y a-t-il qu'une Eglise?*

R. Tous les vrais fidèles, en quelque lieu qu'ils soient, ne composent qu'une seule Eglise de Jésus-Christ.

---

(1) Actes des Apôtres, II.

5. D. *Qu'est-ce que croire à la sainte Eglise universelle ?*

R. C'est faire une profession publique et sincère d'être membre de l'Eglise.

6. D. *N'y a-t-il pas plusieurs Eglises particulières ?*

R. Il y a plusieurs Eglises particulières, qui n'ont pas toutes la même croyance, ni les mêmes pratiques.

7. D. *A quoi peut-on connaître si une Eglise est pure ?*

R. C'est lorsqu'elle fait profession d'une doctrine conforme à l'Evangile, et que Dieu y est servi comme il l'a commandé.

8. D. *Les méchans sont-ils membres de l'Eglise ?*

R. Non, les méchants ne sont pas de vrais membres de l'Eglise de Jésus-Christ.

9. D. *Quel est le devoir des membres de l'Eglise ?*

R. Le devoir des membres de l'Eglise est de vivre dans sa communion extérieure, d'y vivre saintement, et de se soumettre à l'ordre qui y est établi.

10. D. *Qui sont ceux que Dieu a établis pour gouverner l'Eglise ?*

R. Dieu a établi les pasteurs, comme nous le voyons dans tout le nouveau Testament.

11. D. *En quoi consiste la charge des Pasteurs ?*

R. L'office des Pasteurs est de prêcher l'Evangile et de gouverner l'Eglise selon les lois de Jésus-Christ et des Saints Apôtres.

12. D. *Les Pasteurs doivent-ils reconnaître les pécheurs scandaleux pour membres de l'Eglise ?*

R. Non, car il est défendu aux Chrétiens de regarder comme frères, ceux qui vivent ouvertement dans le péché (1).

---

(1) 1 Cor. V. v. 11. et 13.

13. D. *Que signifie la communion des Saints?*

R. Cet article marque que les fidèles sont tous unis en un même corps, et qu'ils possèdent les mêmes avantages spirituels.

14. D. *A quoi les oblige cette communion?*

R. Cette communion les oblige à vivre dans la concorde, et se faire part les uns aux autres des biens temporels et des biens spirituels dont ils jouissent.

SECTION XV.
De la rémission des péchés et de la résurrection de la chair.

1. D. Qu'est-ce *que la rémission des péchés?*

R. Cette rémission comprend deux grâces, l'une que Dieu ne nous punit pas comme nos péchés le méritent; l'autre qu'il nous aime et qu'il veut nous rendre heureux.

2. D. *Dieu pardonne-t-il à tous les pécheurs?*

R. Non, Dieu ne pardonne qu'à ceux qui croient et qui s'amendent.

3. D. *Qu'est-ce que l'Écriture Sainte nous enseigne touchant l'état où est notre âme en attendant la résurrection?*

R. Que notre âme ne meurt point avec le corps, mais qu'elle subsiste toujours.

4. D. *Où apprenez-vous cela?*

R. Salomon dit au XII de l'Ecclésiaste, que le corps retourne en terre d'où il a été tiré, et que l'esprit retourne à Dieu qui l'a donné: et notre Seigneur dit en St. Matthieu, Chap. X. *Ne craignez point ceux qui ne peuvent ôter que la vie du corps et qui ne sauraient ôter la vie de l'âme.*

5. D. *En quel état est l'âme des fidèles après leur mort?*

R. Leur âme est avec le Seigneur dans un état de paix et de joie.

6. D. *Comment savez-vous cela ?*

R. Je le sais par la promesse que Jésus-christ fit au brigand converti (1) : *Tu seras aujourd'hui avec moi dans le Paradis.*

7. D. Quel est le sens de cet article : *Je crois la résurrection de la chair ?*

R. Cet article signifie que notre Chair, c'est-à-dire, nos corps, qui sont mis dans la terre après notre mort, seront rétablis en vie au dernier jour.

8. D. *D'où savons-nous que les morts doivent ressusciter ?*

R. Nous le savons par la parole de Dieu, et surtout par la résurrection de Jésus-Christ.

9. D. *Rapportez ce que Jésus-Christ a dit sur la résurrection des morts ?*

R. Jésus-Christ parle ainsi dans l'Évangile (2) : *Ceux qui sont dans les sépulcres entendront la voix du Fils de l'homme, et en sortiront, et ceux qui auront fait de bonnes œuvres en sortiront et ressusciteront pour la vie, et ceux qui en auront fait de mauvaises, ressusciteront pour la condamnation.*

10. D. *Qui sont donc ceux qui ressusciteront ?*

R. Tous les hommes généralement, tant les bons que les méchans doivent ressusciter.

11. D. *Quel est l'usage de cet article ?*

R. L'espérance de la résurrection est très-efficace pour nous inciter à une vie sainte, et pour nous consoler dans les afflictions et contre la crainte de la mort.

---

(1) Luc, XXIII.   (2) Jean, V. v. 28 et 29

SECTION XVI.

De la Vie Eternelle.

1. D. *Qu'est-ce que la vie Éternelle?*

R. C'est la vie bienheureuse dont les enfans de Dieu jouiront dans le Ciel après la résurrection.

2. D. *En quel état seront les glorifiés dans le Ciel?*

R. Ils seront parfaitement saints et parfaitement heureux.

3. D. *Quelle sera la durée de cette vie?*

R. Elle sera éternelle et elle ne finira jamais.

4. D. *Qui sont ceux qui peuvent croire et espérer la vie éternelle?*

R. La vie éternelle n'est destinée qu'à ceux qui croient en Dieu et qui gardent ses commandemens.

5. D. *Que deviendront les méchans au dernier jour?*

R. Les méchans seront rejetés de Dieu et envoyés au feu éternel.

6. D. *Qu'est-ce qui fera le tourment des méchans dans la vie à venir?*

R. Les peines des méchans consisteront principalement dans les remords de leur conscience.

7. D. *Quels seront ces remords et qu'auront-ils à se reprocher?*

R. Les méchans se reprocheront d'avoir négligé le salut, et de s'en être privés volontairement et par leur faute.

8. D. *Est-il nécessaire de croire tous les articles du Symbole?*

R. Il est nécessaire de les croire, et c'est par-là que nous sommes justifiés.

9. D. *Qu'est-ce qu'être justifié?*

R. Être justifié, c'est obtenir de Dieu le pardon des péchés et le droit à la vie éternelle.

10. D. *Comment pouvons-nous être justifiés devant Dieu?*

R. Nous sommes justifiés par la seule miséricorde de Dieu et par le sacrifice de Notre-Seigneur Jésus-Christ.

11. D. *Que faut-il que nous fassions pour être justifiés?*

R. Il faut que nous ayons la Foi : *Nous sommes justifiés par la seule Foi.* Rom. III. 27.

12. D. *Mais quelle est cette Foi qui nous justifie?*

R. C'est la véritable Foi qui produit nécessairement les bonnes œuvres, et qui opère par la charité.

Fin de la première partie.

ABRÉGÉ DU CATÉCHISME.

SECONDE PARTIE.

Des devoirs de la Religion chrétienne.

SECTION I.

De la Repentance.

1. D. *Est-ce assez pour être chrétien de connaître les Vérités de la Religion?*

R. Non, il faut outre cela être instruit des devoirs que la Religion nous prescrit, et les pratiquer.

2. D. *Comment le prouvez-vous ?*

R. Parce que Jésus-Christ avait commandé aux Apôtres (1) de prêcher la repentance et l'amendement parmi toutes les Nations.

3. D. *Qu'est-ce que la repentance ?*

R. La repentance est un déplaisir sincère des péchés qu'on a commis, qui nous porte à les abandonner.

4. D. *Qu'est-ce qui produit ce déplaisir et cette douleur d'avoir offensé Dieu?*

R. C'est la connaissance des péchés que l'on a commis, et la considération des malheurs auxquels on s'expose en péchant.

5. D. *Que faut-il faire de plus pour se repentir salutairement ?*

R. Il faut confesser ses péchés et recourir à la miséricorde de Dieu par Jésus-Christ.

6. D. *Quelle est la principale marque de la repentance?*

____

(1) Luc, XXIV. v. 47.

R. C'est de réparer les péchés et de s'amender.

7. D. *Combien y a-t-il de parties dans l'amendement?*

R. L'amendement a deux parties; la première, de renoncer au péché; la seconde, de vivre dans la sainteté.

8. D. *En quoi consiste le vrai amendement?*

R. Le véritable amendement consiste dans le changement du cœur et des inclinations.

9. D. *Peut-on, sans hasarder son salut, renvoyer de s'amender à la fin de sa vie?*

R. Ceux qui renvoient leur amendement s'exposent au plus grand danger.

10. D. *Quel est ce danger?*

R. Plus on renvoie sa conversion, et plus elle devient difficile, à cause que les mauvaises habitudes se fortifient toujours davantage.

SECTION II.
Des bonnes œuvres.

1. D. *Est-il nécessaire de faire de bonnes œuvres?*

R. Les bonnes œuvres sont absolument nécessaires, et sans cela il est impossible de plaire à Dieu et d'obtenir le salut.

2. D. *Comment prouvez-vous cette nécessité des bonnes œuvres?*

R. Parce que l'Ecriture sainte déclare, *que sans la sanctification, personne ne verra le Seigneur* (1).

3. D. *Ne suffit-il pas pour être sauvé d'avoir la foi?*

R. La foi suffit pour être sauvé, mais on n'a pas la foi, quand on ne pratique pas les bonnes œuvres.

4. D. *Les bonnes œuvres ne sont-elles nécessaires que pour notre salut?*

____

(1) Hébr. XII. v. 14

R. Elles le sont aussi pour avancer la gloire de Dieu et l'édification des hommes.

5. D. *Qu'est-ce que Jésus-Christ a dit sur cela ?*

R. Jésus-Christ a dit (1) : *Que votre lumière luise devant les hommes, afin que voyant vos bonnes œuvres, ils glorifient votre Père qui est dans les Cieux.*

6. D. *Nos bonnes œuvres peuvent-elles mériter quelques choses devant Dieu ?*

R. Non, parce qu'elles sont défectueuses et imparfaites, et qu'en obéissant à Dieu nous ne faisons que notre devoir ; *Quand vous aurez fait tout ce qui vous est commandé, dites : nous sommes des serviteurs inutiles, parce que nous n'avons fait que ce que nous étions obligés de faire* (2).

7. D. *A quoi peut-on reconnaître les bonnes œuvres ?*

R. On connaît les bonnes œuvres à trois marques principales.

8. D. *Quelle est la première marque ?*

R. C'est que nous soyons assurés en notre conscience, que ce que nous faisons est bon et agréable à Dieu.

9. D. *Devons-nous obéir à notre conscience ?*

R. Nous devons écouter la voix de la conscience, comme la voix de Dieu même, mais il faut prendre garde que la conscience soit éclairée et qu'elle ne se trompe pas.

10 D. *Quelle est la seconde marque des bonnes œuvres ?*

R. Il faut qu'elles soient conformes à la volonté de Dieu et à sa Loi.

11. D. *Quelle est la troisième ?*

R. C'est que les bonnes œuvres soient faites dans un bon but et dans une bonne intention.

12. D. *Quel but devons-nous principalement nous proposer dans ce que nous faisons ?*

_____

(1) Matth. V. v. 14   (2) St. Luc, XVII. v. 10.

R. Notre but doit être de nous acquitter de notre devoir et d'avancer la gloire de Dieu.

SECTION III.
Des différentes sortes d'actions humaines.

1. D. *Pour mieux expliquer ce qui a été dit des bonnes œuvres, dites-moi, combien y a-t-il de sortes d'actions ?*

R. Il y a trois sortes d'actions, savoir, des mauvaises, des bonnes et des indifférentes.

2. D. *Que dites-vous des actions mauvaises et défendues ?*

R. Il n'est jamais permis de faire ce qui est mauvais, sous quelque prétexte que ce soit.

3. D. *Que dites-vous des actions qui sont bonnes et commandées de Dieu ?*

R. On doit les faire dans un bon but, autrement elles ne peuvent plaire à Dieu, et même elles peuvent être des péchés.

4. D. *Quelles sont les actions qui sont toujours bonnes et qu'on ne saurait faire un mauvais but ?*

R Ce sont celles qui consistent dans les sentimens et dans les mouvemens de l'âme et du cœur, comme d'aimer Dieu.

5. D. *Qu'appellez-vous les actions indifférentes ?*

R. Ce sont celles qui ne sont ni bonnes ni mauvaises de leur nature, comme de manger et de boire.

6. D. *Que devons-nous observer à l'égard des actions indifférentes ?*

R. Un Chrétien doit rapporter les actions indifférentes, autant qu'il le peut, à la gloire de Dieu.

7. D. *Comment le prouvez-vous ?*

R. Par ces paroles de St. Paul (1) : *Soit que*

______
(1) 1. Cor. X. v. 31

vous mangiez, ou que vous buviez, ou que vous fassiez quelque autre chose, faites tout pour la gloire de Dieu.

8. D. *Comment pouvons-nous faire servir les actions indifférentes à la gloire de Dieu?*

R. La règle qu'il faut suivre pour cela est de nous abstenir des choses permises, lorsqu'elles peuvent donner du scandale au prochain, ou nous faire tomber dans le péché.

SECTION IV.
De la Loi de Dieu.

1. D. Qu'est-ce qu'une Loi?

R. Une loi est une règle de nos actions, à laquelle nous sommes obligés de nous soumettre sous peine d'être punis.

2. D. *Où sont contenues les Lois que Dieu a données aux hommes?*

R. Les Lois de Dieu sont contenues dans toute l'Ecriture sainte, mais particulièrement dans les dix commandemens qu'il donna au peuple d'Israël.

3. D. *Combien y a-t-il de tables dans le Décalogue?*

R. Il y a deux tables.

4. D. *Que contient la première table de la loi?*

R. La première table contient les quatre premiers commandemens, qui regardent les devoirs envers Dieu.

5. R. *Que comprend la seconde table.*

R. La seconde table comprend les six derniers commandemens, elle marque les devoirs envers les hommes.

6. D. *La loi de Dieu ne règle-t-elle que nos actions et nos paroles?*

R. La loi de Dieu règle aussi et principalement les pensées et les mouvemens du cœur.

7. D. *Les chrétiens sont-ils obligés de garder la loi de Dieu?*

R. Les Chrétiens sont obligés de la garder, puisque tout ce qu'elle prescrit est juste, agréable à Dieu et utile aux hommes.

8. D. *Qu'est-ce que notre Seigneur a dit sur ce sujet dans l'Evangile?*

R. Notre Seigneur a dit (1) : *Ne croyez pas que je sois venu pour abolir la Loi ou les Prophètes, je ne suis point venu pour les abolir, mais pour les accomplir.*

9. D. *Pouvons-nous garder les commandemens de Dieu?*

R. Nous ne pouvons pas les garder de nous-mêmes, mais nous le pouvons avec la grâce de Dieu, et Dieu ne nous la refuse jamais.

10. D. *Tous les hommes ne sont-ils pas pécheurs?*

R. Tous les hommes sont pécheurs, et à cause de cela ils ont tous besoin de la grâce de Dieu et de l'efficace du sacrifice de Jésus-Christ.

11. D. *Mais tous les hommes sont-ils également pécheurs?*

R. Non, les vrais fidèles ne pèchent pas comme les méchans.

12. D. *Quels sont les péchés qui ne peuvent subsister avec la Foi et la piété?*

R. Ce sont 1.° les grands péchés; 2.° les péchés que l'on commet avec délibération; 3.° ceux dans lesquels on persévère et dont on ne se relève pas par la repentance; 4.° les péchés d'habitude.

____

(1) Matth. V. v. 17.

SECTION V.

Des devoirs envers Dieu en général.

1. D. *Quel est l'abrégé des devoirs envers Dieu ?*

R. Les devoirs envers Dieu sont tous compris dans ce commandement (1) : *Tu aimeras le Seigneur ton Dieu, de tout ton cœur, de toute ton âme et de toute ta pensée.*

2. D. *Qu'est-ce qu'aimer Dieu ?*

R. Aimer Dieu, c'est le regarder comme notre souverain bien, et souhaiter par-dessus toutes choses d'avoir part à son amour.

3. D. *Pourquoi faut-il ainsi aimer Dieu ?*

R. Nous devons aimer Dieu, parce qu'il est très-grand et très-parfait.

4. D. *Qu'est-ce qui doit encore nous inciter à aimer Dieu ?*

R. C'est l'amour qu'il a pour nous, les biens qu'il nous fait, et ceux que nous attendons de lui.

5. D. *Comment devons-nous aimer Dieu ?*

R. Nous devons l'aimer de tout notre cœur et par-dessus toutes choses.

6. D. *A quoi peut-on reconnaître si l'on aime Dieu ?*

R. Les principales marques de l'amonr de Dieu sont ces trois :

7. D. *Quelle est la première ?*

R. C'est de lui obéir de bon cœur et avec joie, et de prendre un singulier plaisir dans les devoirs de la Religion et de la piété.

8. D. *Quelle est la seconde marque de l'amour de Dieu ?*

R. C'est d'aimer notre prochain.

9. D. *Où est-ce que cela nous est enseigné ?*

______
(1) Math. XXII. v. 37.

R. Dans ces paroles de St. Jean (1) : *Si quel-*
qu'un dit j'aime Dieu et qu'il haïsse son frère,
il est un menteur ; car celui qui n'aime pas son
frère qu'il voit, comment peut-il aimer Dieu
qu'il ne voit point ?

10. D. *Quel est le troisième caractère de*
l'amour de Dieu ?

R. C'est de ne pas aimer le monde, *car si*
quelqu'un aime le monde, l'amour du Père
n'est point en lui. 1. Epître de St. Jean, II. 15.

SECTION VI.

Du premier Commandement de la Loi.

1. D. Q*UEL est le premier commandement de*
la Loi ?

R. Je suis le seigneur ton Dieu qui t'ai tiré
du pays d'Egypte, de la maison de servitude,
tu n'auras point d'autre Dieu devant ma face.

2. D. *Quel est le sens de ce commandement ?*

R. Dieu y défend au peuple d'Israël d'adorer
quelqu'autre que le seul vrai Dieu, qui a créé
le monde, et qui les avait délivrés de l'escla-
vage où ils étaient en Egypte.

3. D. *Cette défense ne renferme-t-elle pas*
un commandement ?

R. Dieu nous y commande de le reconnaître
comme notre Dieu et de nous acquitter de tous les
devoirs auxquels nous sommes obligés envers lui.

4. D. *Quels sont ces devoirs ?*

R. Outre l'amour de Dieu, dont il a été
parlé, les principaux sont l'honneur, la crainte,
la confiance, le zèle et la soumission à la volonté de Dieu.

---

(1) 1. Epître de St. Jean IV. v. 20.

5. D. *Qu'est-ce qu'honorer Dieu?*

R. Honorer Dieu, c'est avoir pour lui les sentimens de respect qui lui sont dus, et faire paraître ces sentimens par nos discours et par toute notre conduite.

6. D. *Qu'est-ce que la crainte de Dieu?*

R. La crainte de Dieu consiste principalement dans l'appréhension de lui déplaire.

7. D. *Qu'est-ce qui doit surtout nous inciter à craindre Dieu?*

R. C'est de penser que nous sommes continuellement devant lui, et que nous lui rendrons compte de tout ce que nous aurons fait.

8. D. *Qu'est-ce que la confiance en Dieu?*

R. La confiance en Dieu est cette assurance ferme par laquelle nous nous reposons sur Dieu seul, persuadés que si nous le craignons, il pourvoira à tous nos besoins.

9. D. *Qu'est-ce que le zèle?*

R. Le zèle n'est autre chose qu'un grand amour pour Dieu.

10. D. *Quels sont les effets du zèle?*

R. Le zèle fait que nous souhaitons par-dessus toutes choses que Dieu soit glorifié, et que nous y contribuons de tout notre pouvoir.

11. D. *Que produit encore le zèle pour la gloire de Dieu?*

R. Ceux qui sont zélés pour Dieu, se réjouissent quand il est honoré, et ressentent une vive douleur quand il est offensé.

12. D. *Qu'est-ce que la soumission à la volonté de Dieu?*

R. Cette soumission paraît dans l'obéissance à ses commandemens, dans la patience lorsqu'on est affligé, et dans la résignation à tout ce qui lui plaira de nous dispenser.

SECTION VII.
Du second Commandement.

1. D. *RÉCITEZ le second Commandement de la Loi ?*

R. « Tu ne te feras point d'Images taillées, ni aucune ressemblance des choses qui sont là-haut au Ciel, ni ici-bas sur la Terre, ni dans les eaux qui sont sous la Terre. Tu ne te prosterneras point devant elles, et tu ne les serviras point, car je suis le Seigneur ton Dieu, le Dieu fort et jaloux, qui punit les péchés des pères sur les enfans jusqu'à la troisième et la quatrième génération de ceux qui me haïsssnt ; et qui fait miséricorde jusqu'en mille générations à ceux qui m'aiment et qui gardent mes Commandemens. »

2. D. *Qu'est-ce que Dieu défend dans ce Commandement ?*

R. Dieu défend d'adorer des Images, et de leur rendre aucun service religieux.

3. D. *Qelles sont les Images qui sont ici défendues ?*

R. Ce sont toutes sortes d'Images, soit qu'elles représentassent de faux Dieux, soit qu'on prétendît représenter le vrai Dieu sous ces Images.

4. D. *Que signifie cette menace :* Je suis le Dieu fort et jaloux, qui punis les péchés des pères sur les enfans ?

R. Cette menace signifie que Dieu punirait rigoureusement les Juifs et leur postérité, s'ils tombaient dans l'idolâtrie.

5. D. *Est-il permis aux Chrétiens d'avoir des Images et de les servir ?*

R. Tout service religieux qu'on rend aux Images est défendu.

6. D. *Que dites-vous des Images par lesquelles on voudrait représenter Dieu?*

R. Il n'est pas permis de représenter Dieu par
aucune image, et cela est même impossible,
puisque Dieu est un Esprit, et un esprit infini.

7. D. *Que dites-vous des Images qui représentent les Créatures?*

R. Ces images sont permises, pourvu qu'on
ne leur rende pas un honneur religieux, et
qu'elles n'aient rien de contraire à la pureté et
à la piété.

SECTION VIII.

Du troisième Commandement.

1. D. *Récitez le troisième commandement?*

R. Tu ne prendras point le nom du Seigneur
ton Dieu en vain, car le Seigneur ne tiendra
point pour innocent celui qui aura pris son nom
en vain.

2. D. *Qu'est-ce que prendre le Nom de Dieu
en vain?*

R. On peut prendre le Nom de Dieu en vain,
ou en donnant ce nom aux Idoles, ou en jurant.

3. D. *N'est-il jamais permis de jurer?*

R. L'Ecriture nous apprend que l'usage du
serment est permis et même nécessaire en certaines rencontres.

4. D. *Que fait-on quand on jure?*

R. Celui qui jure prend Dieu à témoin, et
s'expose à sa vengeance, au cas qu'il ne dise
pas la vérité, ou qu'il ne tienne pas ce qu'il a
promis.

5. D. *Quels sont les sermens défendus?*

R. Les sermens défendus sont, les faux sermens, les sermens téméraires et les sermens vains.

6. D. *Qu'est-ce qu'un faux serment?*

R. On jure faussement quand on ne dit pas toute la vérité, telle qu'on la sait, ou quand on ne fait pas ce qu'on a promis de faire.

7. D. *Doit-on accomplir toutes sortes de sermens ?*

R. Lorsqu'on a juré de faire des choses mauvaises et contraires à la piété, on pécherait si l'on faisait ce que l'on a juré.

8. D. *Qu'est-ce qu'un serment téméraire ?*

R. On jure témérairement quand on fait un serment inconsidérément et sans y avoir bien pensé, et quand on s'engage à faire des choses mauvaises ou impossibles.

9. D. *Qu'entendez-vous par les sermens vains ?*

R. Les sermens vains sont ceux qu'on fait sans nécessité et pour des sujets frivoles.

10. D. *Rapportez ce que notre Seigneur a dit sur les sermens ?*

R. (1) *Vous avez entendu qu'il a été dit aux Anciens* : Tu ne parjureras point, mais tu t'acquitteras envers le Seigneur de ce que tu auras promis avec serment, *mais moi je vous dis* : Ne jurez point du tout, ni par le Ciel, car c'est le Trône de Dieu, ni par la Terre, car c'est son marche-pied, ni par Jérusalem, car c'est la ville du grand Roi. Ne jure pas non plus par ta tête, car tu ne peux faire devenir un seul cheveu blanc ou noir, mais que votre oui soit oui, et que votre non soit non, car ce qui se dit de plus vient du malin.

11. D. *Quel est le sens de ces paroles de Jésus-Christ ?*

R. Elles signifient que tous les sermens lient la conscience, en quelques termes qu'ils soient conçus, et qu'on doit s'abstenir de l'usage fréquent et ordinaire des sermens.

____

(1) Matth. V. v.33.

12. D. *Que dites-vous de la coutume de jurer qui est si commune ?*

R. Que cela seul est une preuve certaine du peu de Religion qu'il y a chez la plupart des Chrétiens.

13. D. *Que signifie cette menace :* Dieu ne tiendra point pour innocent celui qui prendra son Nom en vain?

R. Le sens de cette menace est, que Dieu punira certainement et rigoureusement ceux qui prendront son nom en vain en quelque occasion que ce soit.

SECTION IX.

Du quatrième Commandement.

1. D. Q**UEL** est le quatrième Commandement?

R. Souviens-toi du jour du repos pour le sanctifier; tu travailleras six jours, et ces jours-là tu feras toute ton œuvre; mais le septième jour est le jour du repos de l'Eternel ton Dieu. Tu ne feras aucune œuvre ce jour-là, ni toi, ni ton fils, ni ta fille, ni ton serviteur, ni ta servante, ni ton bétail, ni l'étranger qui est dans tes portes, car le Seigneur a fait en six jours le Ciel, la Terre, la Mer et toutes les choses qui y sont, et s'est reposé au septième jour; c'est pour cela que le Seigneur a béni le jour du repos et qu'il l'a sanctifié.

2. D. *Quel était le jour du repos consacré à Dieu parmi les Juifs ?*

R. C'était le septième jour de la semaine que nous appelons le samedi.

3. D. *Qu'est-ce que Dieu voulait que les Juifs fissent ce jour-là ?*

R. Dieu voulait qu'ils se reposassent, et qu'ils

le célébrassent comme un jour de Fête à son honneur.

4. D. *Pourquoi Dieu avait-il ordonné que les Juifs sanctifiassent ce jour?*

R. Afin de conserver parmi eux la mémoire de la création du monde, et de les détourner par ce moyen de l'idolâtrie.

5. D. *Quel est le jour que les chrétiens consacrent au service de Dieu?*

R. C'est le premier jour de la semaine, qui fut appelé le dimanche, ou le jour du Seigneur, dès le temps des Apôtres.

6. D. *Pourquoi ce jour-là a-t-il été consacré au service divin?*

R. Parce que ce fut en ce jour que notre Seigneur ressuscita.

7. D. *A quoi doit être employé le Dimanche?*

R. Le Dimanche doit être employé à servir Dieu, tant en particulier qu'en public, dans l'assemblée de l'Eglise.

8. D. *Quel est le service que nous devons rendre à Dieu?*

R. Dieu demande principalement le culte intérieur et du cœur (1); Dieu est un Esprit; et il faut que ceux qui l'adorent, l'adorent en esprit et en vérité.

9. D. *Devons-nous aussi rendre à Dieu un culte extérieur et public?*

R. Nous voyons dans l'Ecriture Sainte que Dieu l'a commandé : et cela a toujours été pratiqué, tant par les Juifs que par les Apôtres et les premiers Chrétiens.

10. D. *Quelles sont les principales parties du Service divin?*

____

(1) Jean, IV. v. 24.

R. Les principaux Actes du Service Religieux sont l'adoration, la louange, les prières, la célébration des Sacremens, la Lecture et la Prédication de la Parole de Dieu.

11. D. *Comment montrez-vous l'utilité et la nécessité du culte public ?*

R. Ce qui se fait dans les Assemblées de l'Eglise est très-propre à nous exciter à la dévotion et à la piété.

12. D. *A quoi servent encore les Assemblées religieuses ?*

R. Les Assemblées religieuses servent à conserver l'ordre dans l'Eglise, et à y entretenir l'union et la charité.

13. D. *Que croyez-vous des prières que les fidèles présentent à Dieu dans les saintes Assemblées ?*

R. On ne peut douter qu'elles ne soient très-agréables à Dieu, puisque notre Seigneur a dit (1) : *Où il y a deux ou trois personnes assemblées en mon Nom, j'y suis au milieu d'elles.*

SECTION X.

Des devoirs envers les hommes en général.

1. D. *DE quoi traite la seconde Table de la Loi ?*

R. La seconde Table de la Loi traite des devoirs envers les hommes.

2. D. *Quel est l'abrégé de nos devoirs envers les hommes ?*

R. Ils sont tous renfermés dans ce Commandement : *Tu aimeras ton prochain comme toi-même.*

---

(1) Matth. XVIII. v. 20.

3. D. *Comment expliquez-vous ce terme de* prochain ?

R. Les Juifs n'appelaient de ce nom-là que ceux de leur nation, mais Jésus-Christ nous a appris que nous devons regarder tous les hommes comme nos prochains.

4. D *Quelle est la règle de l'amour que nous devons à notre prochain ?*

R. Dieu nous commande d'aimer notre prochain comme nous-mêmes.

5. D. *Comment est-ce que Jésus-Christ explique cette règle et ce devoir ?*

R. Il l'explique par ces paroles (1) : *Tout ce que vous voulez que les hommes vous fassent, faites-le leur aussi de même.*

6. D. *Quels sont les devoirs généraux auxquels nous sommes obligés envers les hommes ?*

R. Il y en a deux principaux, savoir : la Justice et la Charité.

7. D. *Qu'est-ce que la justice ?*

R. La Justice consiste à ne faire aucun tort à personne, et à rendre à chacun ce qui lui est dû.

8. D. *Qu'est-ce que la charité ?*

R. La charité consiste à aimer sincèrement le prochain et à lui faire du bien.

9. D. *Devons-nous aimer tous les hommes, et même ceux qui ne nous aiment pas ?*

R. Il ne nous est pas permis de haïr qui que ce soit, pas même ceux qui nous haïssent.

10. D. *Comment le prouvez-vous ?*

R. Par ces paroles de Jésus-Christ (2) : *Aimez vos ennemis ; bénissez ceux qui vous maudissent ; faites du bien à ceux qui vous haïssent; priez pour ceux qui vous outragent, et qui vous persécutent.*

____

(1) Matth. VII. v. 12.   (2) Matth. V. v. 44

SECTION XI.

Des divers actes de la Charité.

1. D. *Quel est le bien que nous devons faire à notre prochain ?*

R. Nous devons lui souhaiter toutes sortes de biens, tant pour le corps que pour l'âme, et pour le salut.

2. D. *Quel bien pouvons-nous lui faire pour le corps et pour cette vie ?*

R. Nous sommes particulièrement obligés d'assister notre prochain quand il est dans la nécessité.

3. D. *Ce devoir est-il bien important ?*

R. L'aumône est de la dernière importance, et Dieu la recommande d'une façon particulière, comme nous le voyons dans l'Écriture Sainte.

4. D. *Qu'est-ce qui nous montre la nécessité de ce devoir ?*

R. Dieu promet de récompenser, et en ce monde et en l'autre, ceux qui exerceront la charité.

5. D. *Sommes-nous aussi obligés de faire du bien au prochain pour l'âme et pour le salut ?*

R. Les Chrétiens sont indispensablement obligés de contribuer de tout leur pouvoir au salut de leurs frères.

6. D. *Comment le prouvez-vous ?*

R. Par ces paroles de St. Paul (1) : *Prenons garde les uns aux autres, pour nous exciter à la charité et aux bonnes œuvres.*

7. D. *Par quel moyen pouvons-nous procurer le salut du prochain ?*

----

(1) Hébr. X. v. 24.

70 *Seconde partie.*

R. Par deux moyens principaux, dont le premier est de l'encourager à la piété, et de le reprendre quand il pèche.

8. D. *Quel est le second moyen ?*

R. C'est de lui être en bon exemple, et d'éviter de lui donner du scandale.

9. *Qu'est-ce que le scandale ?*

R. On est en scandale au prochain quand on fait des choses qui lui donnent occasion de tomber dans le péché, ou de juger mal de nous.

10. D. *Est-ce un grand péché que de donner du scandale au prochain ?*

R. Ce péché est très-grand, puisqu'on peut causer par-là la perdition du prochain.

11. D. *Qu'est-ce que Jésus-Christ dit touchant le scandale ?*

R. Notre Seigneur a dit (1) : *Malheur à l'homme par qui le scandale arrive.*

12. D. *A quoi nous oblige encore l'amour du prochain ?*

R. L'amour du prochain nous oblige à faire tout ce qui dépend de nous pour avoir la paix avec lui.

13. D. *Où est-ce que ce devoir nous est recommandé ?*

R. Dans ces paroles de St. Paul (2) : *S'il se peut faire, et autant qu'il dépend de vous, ayez la paix avec tous les hommes.*

14. D. *Qu'est-ce que notre Seigneur nous ordonne à cet égard ?*

R. Notre Seigneur a particulièrement recommandé à ses Disciples de s'aimer, et de vivre comme frères (3) : *Je vous donne un commandement nouveau, que vous vous aimiez les uns les autres ; que comme je vous ai aimés, vous vous aimiez les*

____

(1) Matth. XVIII. v. 7.   (2) Rom. XII. v. 18.
(3) Jean. XIII. v. 34 et 35.

uns les autres. *C'est à cela que tous connaî-*
tront que vous êtes mes Disciples, si vous avez
de l'amour les uns pour les autres.

15. D. *Quels sont les moyens de vivre ainsi*
en paix avec les hommes?

R. Il y a deux moyens principaux pour cela.

16. D. *Quel est le premier?*

R. C'est de faire du bien à tout le monde,
en toute occasion, et d'éviter ce qui pourrait
aigrir le prochain.

17. D. *Quel est le second moyen d'avoir la paix?*

R. C'est de supporter notre prochain, et de
lui pardonner lorsqu'il nous a fait quelque mal.

SECTION XII.

Du cinquième Commandement.

1. D. **Q**UEL est le cinquième commandement
de la Loi?

R. Honore ton père et ta mère, afin que tes
jours soient prolongés sur la terre, que le Seigneur ton Dieu te donne.

2. D. *Combien y a-t-il de devoirs renfermés*
dans l'honneur que les enfans doivent à leurs
pères et à leurs mères?

R. Les enfans sont obligés envers leurs pères
et leurs mères à quatre devoirs principaux.

3. D. *Quel est le premier devoirs des enfans?*

R. Le premier devoir des enfans est d'avoir
un très-grand respect pour leurs pères et pour
leurs mères.

4. D. *Quel est le second devoir?*

R. Les enfans doivent à leurs pères et à leurs
mères un grand amour.

5. D. *Quel est le troisième devoir?*

R. C'est d'obéir à tout ce que leurs pères et

leurs mères leur commandent *Enfans, obéissez à vos pères et à vos mères, selon le Seigneur, car cela est juste.* Ephésiens, V. v. 1.

6. D. *Les enfans doivent ils obéir en toutes sortes d'occasions ?*

R. Lorsque les pères commandent des choses mauvaises et contraires à la volonté de Dieu, les enfans ne doivent pas leur obéir ; toutefois ils doivent demeurer toujours dans le respect.

7. D. *Quel est le quatrième devoir des enfans ?*

R. Lorsque les pères et les mères sont vieux, malades ou dans la nécessité, les enfans sont obligés de les assister et de les consoler de tout leur pouvoir.

8. D. *Quel est le sens de cette promesse* : Afin que tes jours soient prolongés sur la Terre, que le Seigneur ton Dieu te donne ?

R. Cette promesse signifie que Dieu donnerait aux Juifs une vie longue et heureuse dans le pays de Canaan, s'ils avaient soin d'honorer leurs pères et leurs mères.

9 D. *Que nous apprend cette promesse ?*

R. Elle nous apprend que ce devoir est très-agréable à Dieu, puisqu'il y avait attaché une promesse et une bénédiction particulière.

10. D. *Quel est le devoir des pères et des mères envers leurs enfans ?*

R. Le devoir des pères et des mères, est d'aimer leurs enfans, de prier pour eux et de les former à la crainte de Dieu, en les instruisant, et en leur donnant de bons exemples.

11. D. *Où est-ce que ce devoir est prescrit aux pères ?*

R. Ce devoir leur est prescrit dans le vieux et dans le nouveau testament, et particulièrement dans ces paroles : *Vous pères, élevez vos enfans dans la discipline et dans la crainte du Seigneur.* Ephésiens, VI. v. 4.

SECTION XIII.

Des autres devoirs particuliers des hommes en-
tr'eux selon leurs différentes conditions.

1. D. Qui devons-nous honorer outre nos pères et nos mères?

R. Nous devons honorer tous nos supérieurs
et tous ceux qui ont autorité sur nous dans la
société civile, dans l'Eglise et dans les familles.

2. D. *Quel est le devoir envers les Rois, les*
Princes et les Magistrats?

R. C'est de leur être fidèles, et de leur obéir
dans toutes les choses justes et légitimes.

3. D. *Comment montrez-vous que c'est là un*
devoir de la Religion?

R. Par ces paroles de l'Ecriture (1): *Que toute*
personne soit soumise aux puissances supérieu-
res; car il n'y a point de puissance qui ne vien-
ne de Dieu, et les puissances qui subsistent
sont établies de Dieu.

4. D. *Quels supérieurs avons-nous dans l'E-*
glise?

R. Nos supérieurs dans l'Eglise sont les Pasteurs que Dieu a établis pour la gouverner.

5. D. *Qu'est-ce que les chrétiens doivent à*
leurs pasteurs?

R. Dieu commande aux Chrétiens d'avoir du
respect pour leurs conducteurs spirituels, de
leur être soumis, d'avoir un très-grand amour
pour eux, et de pourvoir à leur subsistance.

6. D. *Ces devoirs envers les pasteurs sont-ils*
prescrits par le Seigneur?

R. Ces devoirs sont prescrits dans tout le nouveau Testament, et en particulier dans l'Epître aux
Hébreux, au chapitre XIII. *Obéissez à vos con-*

____

(1) Rom. XIII, v. 1.

ducteurs et soyez-leur soumis, car ils veillent pour vos âmes, comme devant en rendre compte.

7. D. *Quels sont les devoirs des maris et des femmes ?*

R. Les maris et les femmes doivent s'aimer, avoir soin de leurs enfans, et s'aider mutuellement, tant pour ce qui regarde la vie présente, que pour le salut.

8. D. *Qu'est-ce que St. Paul a dit sur les devoirs des maris et des femmes ?*

R. (1) Vous, maris, aimez vos femmes, comme Christ aussi a aimé l'Eglise ; et vous, femmes, soyez aussi soumises à vos maris comme au Seigneur.

9. D. *Qu'est-ce que les Serviteurs doivent à leurs Maîtres ?*

R. La Religion Chrétienne ordonne à ceux qui sont en service, d'être soumis à leurs maîtres, de leur être fidèles, et de leur obéir dans toutes les choses où Dieu n'est pas offensé

10. D. *Récitez ce que St. Paul dit sur le devoir des Serviteurs ?*

R. (2) Il exhorte les serviteurs à être soumis à leurs maîtres, à leur complaire en toutes choses, à n'être point contredisans, à ne rien soustraire, et à faire voir en toutes choses une entière fidélité.

11. D. *Et à quoi sont obligés les maîtres envers ceux qui les servent ?*

R. Les maîtres Chrétiens sont obligés de donner à leurs domestiques le salaire qui leur est dû, de les traiter avec équité, et de prendre soin de leur salut.

12. D. *L'Ecriture règle-t-elle aussi le devoir des maîtres envers les serviteurs ?*

R. Voici ce que St. Paul ordonne aux maîtres

____

(1) Ephés. V. v. 23.   (2) Tite. II, v. 9 et 10.

Chrétiens (1) : *Vous maîtres, rendez à vos serviteurs ce qui est de la justice et de l'équité, sachant que vous avez vous-mêmes un maître dans le Ciel.*

SECTION XIV.

Du sixième Commandement.

1. D. *Q*UEL *est le sixième Commandement ?*

R. Tu ne tueras point ?

2. D. *Dieu ne défend-il que d'ôter la vie au prochain ?*

R. Dieu défend toutes les actions, toutes les paroles et tous les mouvemens du cœur qui sont contraires à l'amour du prochain et à la justice, comme de le frapper, de lui dire des injures, et de s'irriter contre lui.

3. D. *Rapportez l'explication que notre Seigneur a donnée de ce Commandement ?*

R. *Vous avez appris qu'il a été dit aux Anciens* (2): Tu ne tueras point, et celui qui tuera sera puni par la justice ; mais moi je vous dis que quiconque se met en colère sans cause contre son frère, sera puni par la justice ; que celui qui lui dira racha, sera puni par le conseil, et que celui qui lui dira fou, sera puni par la géhenne du feu.

4. D. *Est-il permis de se laisser emporter à la colère ?*

R. La colère et l'irritation est défendue aux Chrétiens ; et comme la colère ôte la raison, elle peut porter les hommes à de très-grands excès.

---

(1) Coloss. IV, v. 1.   (2) Matth. V, v. 22 et 23.

5. D. *Mais n'est-il pas permis de nous venger quand on nous offense, et de rendre le mal pour le mal ?*

R. La vengeance n'est absolument point permise aux Chrétiens. St. Paul a dit (1) : *Ne vous vengez point vous-mêmes, mes bien-aimés.*

6. D. *Que devons-nous donc faire quand on nous fait du mal ?*

R. La loi de Jésus-Christ et son exemple nous obligent à pardonner.

7. D. *Est-ce assez de ne point faire du mal à ceux qui nous en font ?*

R. Nous devons rendre le bien pour le mal, et imiter en cela notre Père céleste, qui fait du bien aux méchans et aux ingrats, comme notre Seigneur le dit dans l'Evangile.

SECTION XV.

Du septième Commandement.

1. D. QUEL est le septième Commandement ?

R. Tu ne commettras point adultère.

2. D. *Qu'est-ce que Dieu défend dans ce Commandement ?*

R. Dieu y défend l'adultère, la fornication, et tous les péchés contraires à la pureté et à la chasteté.

3. D. *De quoi Dieu menace-t-il ceux qui commettent ces péchés ?*

R. Dieu menace les impurs d'être exclus de la félicité éternelle ; car il est écrit (2) : *Que ni les impurs, ni les adultères, ni les efféminés, ni les abominables n'hériteront point le Royaume de Dieu.*

---

(1) Rom. XII, v. 27.   (2) 1. Cor. VI, v. 10

4. D. *N'y a-t-il que l'Ecriture qui condamne l'impureté ?*

R. L'impureté est contraire à la pudeur, et à l'honnêteté naturelle, aussi bien qu'à la justice et à l'ordre qui doit régner dans les familles et dans la société civile.

5. D. *Dieu ne défend-il que les crimes de l'impureté ?*

R. Dieu défend aussi toutes sortes de souillures dans les actions, dans les paroles et dans les pensées.

6. D. *Que faut-il observer à l'égard des actions?*

R. Il faut s'abstenir de toutes les actions indécentes, et qui choquent tant soit peu la pureté.

7. D. *Qu'est-ce qui nous est prescrit à l'égard des paroles ?*

R. De ne prononcer jamais de discours déshonnêtes et de ne les point écouter.

8. D. *Quelle règle avons-nous sur cela dans l'Ecriture ?*

R. Voici la règle que St. Paul prescrit (1) : *Qu'il ne sorte de votre bouche aucune parole déshonnête.*

9. D. *Peut-on aussi pécher contre la pureté, par les pensées et les désirs ?*

R. On ne saurait douter que les désirs impurs ne souillent l'âme, puisque notre Seigneur a dit (2) : *Que celui qui regarde une femme avec convoitise à déjà commis adultère avec elle dans son cœur.*

10. D. *Quelle est la vertu opposée à l'impureté?*

R. C'est la chasteté.

11. D. *Quels sont les moyens d'éviter l'impureté et d'être chaste.*

R. Les moyens efficaces de se conserver pur, sont de prier souvent, de penser qu'on est en la présence de Dieu, d'être sobre, d'éviter l'oisiveté, et de fuir les occasions et les objets qui peuvent séduire.

____

(1) Ephés. IV. v. 29.　　(2) Matth. V. v. 28.

SECTION XVI.

Du huitième Commandement.

1. D. *Dites le huitième Commandement ?*
R. Tu ne déroberas point.

2. D. *Qu'est-ce qui est défendu dans ce Commandement ?*
R. Dieu y défend de prendre ce qui appartient à autrui, en quelque manière qu'on puisse le faire.

3. D. *Qu'est-ce qui fait voir qu'il n'est jamais permis de dérober ?*
R. S'il nous était permis de prendre ce qui appartient aux autres, il serait aussi permis aux autres de prendre ce qui nous appartient.

4. D. *N'est-il jamais permis à ceux qui sont pauvres de dérober ?*
R. La pauvreté et la nécessité n'autorisent point à dérober.

5. D. *Que doivent donc faire ceux qui sont pauvres ?*
R. S'ils ne peuvent pas se procurer par leur travail ce qui leur est nécessaire, ils doivent recourir à l'assistance des autres.

6. D. *En combien de manières peut-on prendre le bien d'autrui ?*
R. On peut s'emparer du bien d'autrui, par force ou par adresse.

7. D. *Comment ceux qui achètent se rendent-ils coupables de larcin et d'injustice ?*
R. C'est lorsqu'ils ne payent pas le prix des choses comme on est convenu : ou lorsque pour acheter une chose beaucoup au-dessous de son juste prix, ils profitent de l'ignorance ou de la nécessité de celui qui vend.

8. D. *Comment peut-on faire tort au prochain en vendant ?*

R. On fait tort au prochain en vendant, quand on vend une chose pour une autre; quand on vend à un prix excessif, et lorsqu'on trompe dans le poids et dans la mesure, ou de quelque autre manière.

9. D. *Quand est-ce que les ouvriers se rendent coupables de larcin?*

R. Ces gens-là dérobent, quand ils ne travaillent pas de bonne foi; quand ils se font payer plus que leur travaille ne vaut, et quand ils retiennent ce qui ne leur appartient pas.

10. D. *Comment les serviteurs et les servantes tombent-ils dans le larcin?*

R. Les personnes qui sont en service et qui n'ont pas soin du bien de leurs maîtres, ou qui en prennent et en retiennent quoique ce puisse être, commettent un larcin.

11. D. *Par quelle règle pouvons-nous reconnaître si une chose est contraire à la justice?*

R. On le reconnaît aisément par la règle que Jésus-Christ nous a donnée, et que la nature dicte à tous les hommes, qui est de faire aux autres ce que nous voudrions que les autres nous fissent (1).

12. D. *Cette règle ne nous oblige-t-elle qu'à la justice?*

R. Elle nous oblige aussi à l'équité.

13. D. *Qu'est-ce que l'équité?*

R. L'équité consiste à ne pas se servir de son droit à la rigueur, et à en relâcher volontairement quelque chose.

14. D. *Que doivent faire ceux qui ont dérobé, ou commis quelque injustice que ce soit?*

R. Ceux qui ont fait quelque tort au prochain, sont obligés, autant qu'ils le peuvent,

---

(1) Matth. VII, v. 12.

de restituer ce qu'ils ont pris, sans quoi leur péché ne saurait leur être pardonné.

15. **D.** *Pourquoi ceux qui refusent de restituer ne sauraient-ils obtenir le pardon de leurs péchés?*

R. Parce que le refus de restituer est une marque certaine qu'ils n'en ont pas une véritable repentance.

SECTION XVII.

Du neuvième Commandement.

1. **D.** QUEL est le neuvième Commandement?

R. Tu ne diras point de faux témoignages contre ton prochain.

2. **D.** *En quelles occasions peut-on rendre un faux témoignagne contre le prochain?*

R. On peut rendre un faux témoignage, ou devant les Juges, ou dans les discours particuliers.

3. **D.** *Comment rend-on un faux témoignage dans les discours et dans les entretiens particuliers?*

R. On le fait par la calomnie et la médisance.

4. **D.** *Qu'appelle-t-on proprement calomnie?*

R. On calomnie le prochain quand on dit contre lui des choses que l'on sait être fausses, ou en tout ou en partie.

5. **D.** *Et si ce qu'on dit est vrai, y a-t-il du péché à le dire?*

R. Il y a du péché à dire ce qui peut nuire au prochain, et on tombe par-là dans la médisance.

6. **D.** *Est-ce un grand péché que de médire du prochain?*

R. Ce péché est très-grand, puisque par-là on peut lui nuire en plus d'une manière, et surtout en son honneur, parce que le mal qu'on lui fait par-là ne peut presque jamais se réparer.

7. D. *Comment est-il parlé des médisans dans le nouveau Testament ?*

R. St. Paul joint les médisans aux plus grands pécheurs, et il déclare (1) : *Que les médisans, non plus que les idolâtres et les adultères, ne posséderont point le royaume de Dieu.*

8. D. *Pour ne pas tomber dans la médisance, que doit-on éviter ?*

R. On doit éviter les jugemens téméraires, et ne pas ajouter foi trop facilement aux rapports qui se font contre le prochain.

9. D. *Quels sont les autres péchés qui se rapportent à ce neuvième commandement ?*

R. C'est le mensonge et toutes sortes de tromperie et de mauvaise foi dans les discours.

10. D. *Quelle est la vertu opposée à ces vices ?*

R. C'est la sincérité et la bonne foi.

SECTION XVIII.

Du dixième Commandement.

1. D. *Quel est le dixième Commandement ?*

R. Tu ne convoiteras point la maison de ton prochain ; tu ne convoiteras point la femme de ton prochain, ni son serviteur, ni sa servante, ni son bœuf, ni son âne, ni aucune chose qui soit à ton prochain.

2. D. *Quelle est la convoitise qui est ici défendue ?*

R. Dieu défend la convoitise qui nous fait rechercher les moyens de posséder ce qui est à autrui, ou qui nous le fait simplement désirer.

3. D. *Le désir de ce qui appartient aux autres est-il criminel devant Dieu ?*

---

(1) 1. Cor. VI. v. 10.

R. Ce désir est criminel, puisque c'est la source des péchés que l'on commet contre la Justice.

4. D. *Qu'est-ce qui montre encore que ce désir est mauvais?*

R. C'est que ce désir est contraire à la piété qui veut que nous soyons contens de ce que Dieu nous a donné.

5. D. *Quelle autre considération faut-il faire sur ce sujet?*

R. En désirant ce qui n'est pas à nous, nous péchons contre la charité, qui doit bannir l'envie et la jalousie de nos cœurs.

6. D. *Que devons-nous remarquer principalement dans ce Commandement?*

R. Ce Commandement nous découvre le vrai sens de la Loi, et il nous apprend que cette Loi règle surtout nos pensées et nos désirs.

7. D. *Quelle instruction devons-nous tirer de là?*

R. Que le plus sûr moyen de ne pas tomber dans le péché est, de résister aux mauvais désirs aussitôt qu'ils s'élèvent dans nos âmes.

SECTION XIX.

Du renoncement au monde et à nous-mêmes.

1. D. QUEL *est le véritable moyen de vivre dans la piété, et de garder les Commandemens de Dieu que nous avons expliqués jusqu'ici.*

R. C'est de renoncer au monde et à nous-mêmes.

2. D. *Qu'est-ce que renoncer au monde?*

R. Renoncer au monde, c'est renoncer à la corruption qui règne dans le monde, et à tout attachement excessif aux créatures.

3. D. *Pourquoi est-il nécessaire de renoncer ainsi au monde?*

R. Parce qu'il est impossible d'aimer Dieu par-dessus tout, si nous donnons notre cœur et notre amour aux choses du monde.

4. D. *Où est-ce que cela nous est enseigné ?*

R. Dans ces paroles de St. Jean (1) : *N'aimez point le monde, ni les choses qui sont dans le monde ; car si quelqu'un aime le monde, l'amour du Père n'est point en lui.*

5. D. *Qu'est-ce que renoncer à nous-mêmes ?*

R. Renoncer à nous-mêmes, c'est renoncer à notre propre volonté et à nos désirs, et nous soumettre absolument à Dieu.

6. D. *Comment faites-vous voir que nous devons ainsi renoncer à nous-mêmes ?*

R. Parce que nous ne saurions nous soumettre à Dieu et faire sa volonté, pendant que nous nous aimons nous-mêmes d'une manière déréglée, et que nous suivons notre volonté propre.

7. D. *Rapportez ce que notre Seigneur a dit sur ce renoncement à nous-mêmes ?*

R. (2) Si quelqu'un veut venir après moi, qu'il renonce à soi-même, qu'il se charge de sa croix, et qu'il me suive.

8. D. *Qu'est-ce que se charger de sa croix ?*

R. Se charger de sa croix, c'est être disposé à tout souffrir pour l'amour de Dieu.

9. D. *Quels sont donc les devoirs que le renoncement à nous-mêmes renferme ?*

R. Il y en a deux principaux.

10. D. *Quel est le premier de ces devoirs ?*

R. C'est de renoncer à l'amour du monde et à nos désirs, et c'est ce qu'on appelle tempérance.

11. D. *Quel est le second devoir ?*

R. C'est de souffrir les afflictions, et c'est ce qu'on appelle patience.

---

(1) 1. Jean, II, v. 15.　　(2) Matth. XVI, v. 24.

SECTION XX.

De la tempérance à l'égard des plaisirs.

1. D. Qu'est-ce que la tempérance ?

R. La tempérance consiste à être modéré dans l'usage et dans le désir des choses du monde qui nous sont agréables.

2. D. *Combien y a-t-il de règles dans la tempérance ?*

R. Il y en a deux.

3. D. *Quelle est la première ?*

R. La première règle de la tempérance chrétienne, est de s'abstenir entièrement de ce qui est défendu et criminel.

4. D. *Quelle est la seconde règle de la tempérance ?*

R. C'est de rechercher avec modération ce qui est permis, et d'en user sans excès.

5. D. *Quelles sont les choses que les hommes aiment et recherchent principalement ?*

R. Ce sont les plaisirs, les richesses, et la gloire ou l'honneur.

6. D. *Quels sont donc les trois principaux devoirs de la tempérance ?*

R. Le premier est, de renoncer à la sensualité ou à l'amour des plaisirs ; le second, de renoncer à l'avarice ou à l'amour des richesses ; le troisième, de renoncer à l'orgueil ou à l'amour de la gloire du monde.

7. D. *A quoi nous oblige la tempérance à l'égard des plaisirs ?*

R. A être chastes et purs, à être sobres, et à être modérés dans tout ce qui est agréable à la chair.

8. D. *En quoi consiste la chasteté ?*

R. Etre chaste, c'est fuir toute souillure, et conserver son corps et son âme dans une grande pureté.

9. D. *En quoi consiste la sobriété ?*

R. Etre sobre, c'est être modéré et réglé dans le manger et dans le boire.

10. D. *Comment peut-on pécher contre la sobriété ?*

R. On peut pécher contre la sobriété ou en mangeant et en buvant avec excès, ou en recherchant la délicatesse et le plaisir dans le manger et dans le boire.

11. D. *Que dites-vous de l'ivrognerie en particulier ?*

R. L'ivrognerie est un vice infâme qui abrutit les hommes et qui les pousse à divers péchés.

12. D. *Quel mal fait encore l'ivrognerie ?*

R. Elle met les hommes hors d'état de veiller, de prier et de s'acquitter des devoirs de la piété.

13. D. *Qu'est-ce qu'il est dit de ce vice dans l'Ecriture ?*

R. St. Paul dit (1): *Que le vin porte à la dissolution ; et que ni les ivrognes, ni les gourmands, n'hériteront point le royaume de Dieu.*

14. D. *Qu'est-ce que l'Evangile nous prescrit encore par rapport à la tempérance ?*

R. L'Évangile nous défend de rechercher les plaisirs corporels et la satisfaction des sens, et nous ordonne d'être modérés dans toutes les choses qui sont agréables à la chair.

15. D. *Que devons-nous éviter à cet égard ?*

R. L'excès dans le dormir et dans les plaisirs permis, la paresse, l'oisiveté, la délicatesse, la vie molle et voluptueuse, et le trop de soin de se procurer les douceurs et les commodités de la vie.

16. D. *Quelle est la maxime que l'Evangile nous donne sur toutes ces choses dont nous venons de parler ?*

R. L'Évangile nous ordonne de mortifier la chair, de l'assujettir, et de ne pas satisfaire à ses désirs (2).

______

(1) Ephés. V, v. 18. 1. Cor. VI. v. 10. (2) 1. Cor. IX, v. 27.

SECTION XXI.
De la tempérance à l'égard des richesses.

1. D. QUELS *sont les devóirs de la tempérance Chrétienne à l'égard des biens du monde et des richesses?*

R. Ces devoirs sont, de ne pas attacher son cœur aux biens de la terre, et d'avoir le contentement de l'esprit.

2. D. *Pourquoi ne devons-nous pas nous attacher aux biens de la terre?*

R. Parce que ces biens sont vains et périssables, et parce que Dieu nous en prépare de plus excellens dans le Ciel.

3. D. *Qu'est-ce que notre Seigneur a dit sur l'amour des richesses?*

R. Notre Seigneur nous défend de nous amasser des trésors sur la terre, et il nous dit que nous ne saurions aimer et servir en même temps Dieu et l'argent. Matthieu VI, v. 19 et 20.

4. D. *Que doivent faire ceux qui sont privés des biens du monde?*

R. Leur devoir est, d'être résignés à la volonté de Dieu, de travailler, de n'être point envieux, et de ne faire aucun tort à personne.

5. D. *Quel est le devoir de ceux qui ont du bien?*

R. Ceux qui ont du bien sont particulièrement obligés de s'en servir pour de bons usages, et surtout pour des œuvres de piété et de charité.

6. D. *Quelles tentations les riches doivent-ils éviter?*

R. Ces tentations sont l'orgueil, la confiance en leurs richesses, et l'abus qu'ils en pourraient faire pour contenter leurs passions.

7. D. *Dans quelle disposition doit être un Chrétien à l'égard des biens de cette vie?*

R. Un Chrétien doit être content dans quelque

état qu'il plaise à Dieu de le mettre. La piété avec le contentement d'esprit est un grand gain (1).

8. D. *Quel est le vice opposé au contentement de l'esprit ?*

R. C'est l'avarice.

9. D. *Qu'est-ce que vous entendez par l'avarice ?*

R. L'avarice, c'est l'amour de l'argent et des richesses, ou l'attachement aux biens du monde.

10. D. *Qu'est-ce qui est dit de l'avarice dans l'Ecriture sainte ?*

R. L'Apôtre St. Paul dit : *Que l'amour des richesses est la racine de toutes sortes de maux* (2).

SECTION XXII.
De la tempérance à l'égard de la gloire et de l'honneur.

1. D. **Q**UEL est le troisième devoir de la tempérance ?

R. C'est de ne pas aimer la gloire du monde.

2. D. *Comment appelle-t-on la vertu qui règle nos sentimens et nos désirs à cet égard ?*

R. On l'appelle l'humilité.

3. D. *Qu'est-ce que l'humilité ?*

R. L'humilité consiste à avoir des sentimens peu avantageux de soi-même, et ne pas s'élever par-dessus les autres, et à vivre d'une manière modeste et éloignée du faste et de l'éclat.

4. D. *Quelle est le vice contraire à l'humilité ?*

R. Le vice contraire à l'humilité, c'est l'orgueil.

5. D. *Est-ce un grand vice que l'orgueil ?*

R. L'orgueil est un très-grand vice ; car l'Ecriture dit (3): *Que Dieu résiste aux orgueilleux, mais qu'il fait grâce aux humbles.*

6. D. *Qu'est-ce que l'orgueil ?*

R. On a de l'orgueil quand on s'estime trop

____

(1) Tim. VI, v. 8.   (2) 1. Tim. VI, v. 10.
(3) St. Jacques, VI, v. 6.

soi-même ; quand on méprise les autres ; quand on aime à vivre dans le faste, et qu'on recherche les honneurs et la distinction.

7. D. *Ne doit-on pas éviter l'orgueil et le luxe dans les habits?*

R. L'Ecriture ordonne aux Chrétiens, et particulièrement aux femmes, d'observer la modestie et la pudeur dans leurs habits.

8. D. *Où est-ce que cela nous est ordonné?*

R. Dans la première Epître à Timothée, chapitre II : Que les femmes soient vêtues d'une manière honnête, avec pudeur et modestie, non avec des cheveux frisés, avec de l'or, des perles ou des habits somptueux ; mais qu'elles soient parées de bonnes œuvres, comme il convient à des femmes qui font profession de servir Dieu.

9. D. *Quel péché y a-t-il dans le luxe?*

R. On ne peut aimer le luxe et la parure sans donner trop de soin à son corps ; et sans employer à cela la meilleure partie de son temps et de son bien.

10. D. *Quels maux arrive-t-il du luxe?*

R. Le luxe empêche l'exercice de la charité ; il introduit la mollesse, l'oisiveté, l'immodestie, l'amour des voluptés, et plusieurs autres désordres.

SECTION XXIII.
De la Patience.

1. D. *Pourquoi Dieu a-t-il voulu que nous fussions sujets aux afflictions?*

R. Dieu a voulu que nous fussions sujets aux afflictions, pour nous faire sentir que notre bonheur ne se trouve pas sur la terre.

2. D. *Quel est le devoir des personnes affligées?*

R. Les devoirs de ceux que Dieu afflige est, de souffrir leurs maux avec patience, et d'en profiter.

3. D. *Qu'est-ce que la patience?*

R. La patience consiste à endurer les afflictions avec résignations, sans se laisser surmonter par la douleur ou par le chagrin.

4. D. *Pourquoi faut-il ainsi recevoir les afflictions ?*

R. Parce qu'elles nous sont dispensées par la providence de Dieu, et qu'il ne nous les envoie que pour notre salut.

5. D. *Quel usage devons-nous faire des afflictions ?*

R. Nous devons recevoir les afflictions comme des châtimens, ou comme des épreuves que Dieu nous envoie, et en prendre occasion de devenir meilleurs, et d'aspirer aux biens éternels.

6. D. *Que devons-nous faire dans les maladies ?*

R. Nous devons nous repentir, et nous disposer à mieux vivre, si Dieu nous renvoie la santé, et nous préparer à bien mourir, au cas que Dieu veuille nous retirer de ce monde.

7. D. *Comment peut-on se préparer à bien mourir ?*

R. On se prépare à bien mourir, en examinant sa conscience et sa vie passée ; en réparant le tort qu'on peut avoir fait à son prochain, en se réconciliant avec ceux qu'on a offensés, et en demandant pardon à Dieu de ses péchés, au nom de Jésus-Christ.

SECTION XXIV.
De la Prière en général.

1. D. QUEL est l'un des principaux devoirs de la Religion ?

R. C'est la prière.

2. D. *Qu'est-ce que prier ?*

R. Prier, c'est demander à Dieu les choses dont nous avons besoin.

3. D. *Est-il nécessaire de prier ?*

R. La prière est l'unique remède à notre

misère, Dieu nous commande de l'invoquer, et il n'accorde sa grâce et sa faveur qu'à ceux qui le prient comme il faut.

4. D. *Rapportez ce que Jésus-Christ a dit de la prière et de son efficace ?*

R. (1) Demandez, et on vous donnera; cherchez, et vous trouverez; heurtez, et on vous ouvrira. Car quiconque demande reçoit, et celui qui cherche trouve, et l'on ouvre à celui qui heurte.

5. D. *Quel est l'utilité de la prière ?*

R. La prière sert à éloigner les maux qui pourraient nous nuire, et à obtenir les biens qui peuvent nous rendre heureux.

6. D. *A quoi sert encore la prière ?*

R. La prière est très-efficace pour nous consoler, pour nous sanctifier, et nous remplir de piété et de zèle.

7. D. *A qui devons-nous adresser nos prières ?*

R. Nous ne devons adresser nos prières qu'à Dieu seul.

8. D. *Est-il permis d'invoquer les créatures et les Saints qui sont morts ?*

R. L'Ecriture ne nous l'ordonne nulle part; au contraire, elle nous défend de servir et d'invoquer un autre que Dieu.

9. D. *Ne pourrions-nous pas recourir à l'intercession des Saints ?*

R. Nous n'avons pas besoin de l'intercession des Saints, Jésus-Christ étant notre intercesseur. D'ailleurs, les Saints n'entendent pas nos prières et ne connaissent pas nos besoins.

10. D. *Que devons-nous demander à Dieu par nos prières ?*

R. Nous devons lui demander tout ce qui nous est nécessaire.

____

(1) Matth. VII, v. 7 et 8.

11. D. *Qu'est-ce que nous devons demander avant toutes choses ?*

R. Ce qui concerne la gloire de Dieu et notre salut.

12. D. *Que pouvons-nous lui demander ensuite ?*

R. Ce qui nous est nécessaire pour le corps et pour cette vie.

13. D. *Ne devons-nous prier que pour nous-mêmes ?*

R. La charité nous engage à prier pour notre prochain et pour tous les hommes.

SECTION XXV.
Des dispositions avec lesquelles il faut prier Dieu.

1. D. *En quel état faut-il être pour prier Dieu ?*

R. Pour prier Dieu, il faut être homme de bien, et aimer son prochain.

2. D. *Pourquoi Dieu n'exauce-t-il pas les méchans, et ceux qui n'aiment pas leur prochain ?*

R. Parce qu'ils ne le prient pas avec sincérité tant qu'ils demeurent dans cet état.

3. D. *Quelles sont les dispositions particulières où doit être celui qui prie ?*

R. Les dispositions qui doivent accompagner la prière sont ces quatre : l'attention, l'ardeur, l'humilité et la confiance.

4. D. *Qu'est-ce que prier avec attention ?*

R. Prier avec attention, c'est avoir l'esprit appliqué à ce qu'on dit à Dieu, et ne point penser à d'autres choses.

5. D. *Que dites-vous des prières qui se font sans attention ?*

R. Les prières qui se font sans attention ne sont pas des prières, ce sont plutôt des actes d'hypocrisie et de véritables péchés.

6. D. *Qu'est-ce que prier avec ardeur et avec zèle ?*

R. Prier avec ardeur, c'est souhaiter de tout son cœur d'obtenir ce qu'on demande à Dieu.

7. D. *Doit-on demander toutes sortes de choses avec la même ardeur ?*

R. Les grâces temporelles ne doivent pas être demandées avec la même ardeur que les grâces spirituelles.

8. D. *N'est-il pas nécessaire de persévérer dans la prière ?*

R. Cette persévérance est nécessaire, parce que Dieu, pour nous éprouver, ne nous exauce pas toujours d'abord. Outre cela, nous avons en tout temps besoin de la grâce de Dieu.

9. D. *Qu'est-ce que prier avec humilité ?*

R. C'est s'abattre profondément devant Dieu, non-seulement du corps, mais principalement du cœur, en reconnaissant sa grandeur et notre indignité.

10. D. *Qu'est-ce que prier avec confiance ?*

R. C'est prier avec une assurance ferme que Dieu nous exaucera.

11. D. *Pouvons-nous toujours avoir cette assurance d'être exaucés ?*

R. Quand nous demandons à Dieu des choses qui regardent notre salut, nous sommes assurés de les obtenir.

12. D. *Comment le prouvez-vous ?*

R. Par ces paroles de St. Jacques (1) : *Si quelqu'un de vous manque de sagesse, qu'il la demande à Dieu, qui la donne à tous libéralement, sans la reprocher, et elle lui sera donnée.*

13. D. *Et quelle confiance pouvons-nous avoir quand nous demandons à Dieu des grâces temporelles ?*

R. Nous sommes assurés que Dieu nous accordera les grâces temporelles, si elles nous sont nécessaires, et cela nous doit suffire.

____

(1) St. Jacques, I, v. 5.

SECTION XXVI.

De l'oraison Dominicale.

1. D. *Récitez l'oraison dominicale ?*

R. Notre père qui es aux Cieux ; ton nom soit sanctifié ; ton Règne vienne ; ta volonté soit faite sur la Terre comme au Ciel. Donne-nous aujourd'hui notre pain quotidien. Et nous pardonne nos offenses, comme nous pardonnons à ceux qui nous ont offensé. Et ne nous induis point en tentation, mais délivre-nous du malin. Car à toi appartient le règne, la puissance et la gloire aux siècles des siècles, *Amen.*

2. D. *Qui est l'Auteur de cette prière ?*

R. C'est Jésus-Christ qui l'a enseignée à ses Disciples.

3. D. *Puisque notre Seigneur est l'Auteur de cette prière, comment devons-nous la réciter ?*

R. Nous devons la réciter avec un très-grand respect, et en même temps avec une confiance particulière.

4. D. *Quelle est la préface de cette prière ?*

R. Notre père qui es aux Cieux.

5. D. *Que nous apprend cette préface ?*

R. Elle nous apprend premièrement, que c'est Dieu que nous prions ; en second lieu, que nous le prions comme un père qui nous aime, et qui nous a adopté en Jésus-Christ.

6. D. *Que marquent ces mots, qui es aux Cieux ?*

R. Ces mots marquent la majesté infinie et la toute-puissance de Dieu ; ce qui nous oblige de l'invoquer avec d'autant plus de respect et de confiance.

6. D. *A quoi se rapportent les trois premières demandes de la prière de notre Seigneur ?*

R. Elles se rapportent à la gloire de Dieu.

8. D. *A quoi se rapportent les trois dernières demandes ?*

R. Elles se rapportent à notre propre bien et à notre utilité.

SECTION XXVII.

Des trois premières demandes de l'Oraison Dominicale.

1. D. **Q**UELLE *est la première demande ?*

R. Ton nom soit sanctifié.

2. D. *Qu'est-ce que sanctifier le nom de Dieu ?*

R. Sanctifier le nom de Dieu, c'est la même chose qu'honorer et glorifier Dieu, ou reconnaître et publier sa sainteté et sa gloire.

3. D. *Quel est donc le sens de cette demande ?*

R. Nous prions Dieu qu'il soit connu, adoré et glorifié par tous les hommes du monde.

4. D. *Quelle est la seconde demande ?*

R. Ton règne vienne.

5. D. *De quel règne est-il ici parlé ?*

R. C'est du règne que Dieu exerce sur les hommes par Jésus-Christ.

6. D. *Comment est-ce que Dieu règne sur les hommes ?*

R. Dieu règne sur les hommes quand ils le connaissent et qu'ils se soumettent à lui.

7. D. *Que demandons-nous à Dieu en disant :* Ton règne vienne ?

R. Nous prions Dieu qu'il appelle tous les hommes à sa connaissance ; qu'il sanctifie ceux qui le connaissent, et qu'il nous reçoive enfin dans le Royaume de sa gloire.

8. D. *Quelle est la troisième demande ?*

R. Ta volonté soit faite sur la terre comme au Ciel.

9. D. *Quel est le sens de cette demande ?*

R. Nous demandons à Dieu que sa volonté s'accomplisse, et qu'il nous fasse la grâce d'obéir à ses Commandemens.

10. D. *Qu'y a-t-il à remarquer sur ces mots, sur la terre comme au Ciel ?*

R. Jésus-Christ nous apprend par-là, que nous devons imiter les Anges, dans la sincérité et dans le zèle avec lequel ils font la volonté de Dieu.

SECTION XXVIII.

De la quatrième et cinquième demande de l'Oraison dominicale.

1. D. QUEL *est le but des trois dernières demandes de la prière du Seigneur ?*

R. Les trois dernières demandes se rapportent à notre bien et à notre propre utilité.

2. D. *Quelle est la quatrième demande de l'Oraison Dominicale ?*

R. Donne-nous aujourd'hui notre pain quotidien.

3. D. *Qu'entendez-vous par le pain quotidien ?*

R. J'entends tout ce qui est nécessaire pour subsister pendant cette vie.

4. D. *Pourquoi Jésus-Christ ne nous fait-il demander que du pain ?*

R. C'est pour nous apprendre à nous contenter des choses nécessaires à la vie, et à ne pas rechercher celles qui sont superflues.

5. D. *A qui demandons-nous notre pain ?*

R. Nous le demandons à Dieu, de la Providence de qui toutes choses dépendent.

6. D. *Tous les hommes doivent-ils faire cette prière ?*

R. Tous les hommes sans distinction, et même

les riches doivent la faire, puisque c'est Dieu qui donne et ôte les biens quand il lui plaît, et qui accorde la vie et la santé pour en jouir.

7. D. *D'où vient que nous ne demandons notre pain que pour le jour présent ?*

R. Jésus-Christ a voulu par-là nous mettre dans la nécessité de prier tous les jours, et bannir les inquiétudes où nous pourrions être sur l'avenir.

8. D. *Quelle est la cinquième demande ?*

R. Pardonne-nous nos péchés, comme nous pardonnons à ceux qui nous ont offensé.

9. D. *Dans quelle disposition faut-il être pour obtenir ce pardon ?*

R. Pour obtenir ce pardon, il faut le demander avec une vraie foi et une vraie repentance.

10. D. *Qu'est-ce que Jésus-Christ a voulu marquer en nous faisant dire :* comme nous pardonnons à ceux qui nous ont offensé ?

R. Que si nous voulons que Dieu nous pardonne, il faut que nous pardonnions aussi à ceux qui nous ont fait quelque offense.

11. D. *A qui devons-nous pardonner ?*

R. Nous devons pardonner à toutes sortes de personnes sans exception.

12. D. *Quelles offenses devons-nous pardonner ?*

R. Toutes sortes d'offenses.

13. D. *Comment devons-nous pardonner ?*

R. Nous devons pardonner de bon cœur, et comme nous voulons que Dieu nous pardonne.

SECTION XXIX.

De la sixième demande de l'Oraison Dominicale et de la conclusion.

1. D. QUELLE est la sixième demande de *l'Oraison Dominicale ?*

R. Ne nous induis point en tentation, mais délivre-nous du malin.

2. D. *Combien de sortes de tentations y a-t-il ?*

R. Il y en a de deux sortes, les unes tendent à nous éprouver, et les autres tendent à nous séduire et à nous porter au péché.

3. D. *Dieu fait-il tomber les hommes dans la tentation et dans le péché ?*

R. Dieu ne pousse jamais les hommes dans le péché ; au contraire, il les en détourne.

4. D. *Comment le prouvez-vous ?*

R. Par ces paroles (1) ; *Que personne ne dise lorsqu'il est tenté, c'est Dieu qui me tente ; car comme Dieu ne peut être tenté par aucun mal, aussi ne tente-t-il personne, mais chacun est tenté, quand il est attiré et amorcé par sa propre convoitise ?*

5. D. *Qu'est-ce que Dieu fait quand nous sommes exposés aux tentations ?*

R. Il permet que nous soyons tentés, afin de nous éprouver ; et si nous succombons à la tentation, cela arrive par notre faute.

6. D. *Que demandons-nous donc à Dieu dans cette prière ?*

R. Nous le prions d'éloigner les tentations auxquelles nous pourrions succomber, et de nous fortifier contre celles auxquelles nous serions exposés, ensorte qu'elles ne nous séduisent pas.

7. D. *A quoi nous engage cette demande ?*

R. A éviter les tentations, et à y résister (2) : *Veillez et priez, de peur que vous ne tombiez dans la tentation.*

8. D. *Que veulent dire ces mots : car c'est à toi qu'appartient le règne, la puissance et la gloire ?*

R. Que Dieu est le Roi du monde ; qu'il

_____

(1) Jacques, I, v. 13 et 14. (2) Matth. XXVI, v. 41.

gouverne tout par sa puissance ; que sa gloire est infinie, et qu'il sera tel éternellement.

9. D. *Pourquoi Jésus-Christ ajouta-t-il cette conclusion ?*

R. Pour nous remplir de confiance, et pour nous apprendre que la gloire de Dieu est le but que nous devons nous proposer dans toutes nos prières.

10. D. *Que marque ce mot* Amen ?

R. Ce mot *Amen*, marque la sincérité de nos désirs et l'assurance que nous avons d'être exaucés.

SECTION XXX.

Des Sacremens en général, et 1.º du Baptême.

1. D. *Qu'est-ce qu'un Sacrement ?*

R. Un Sacrement est une cérémonie sacrée que Dieu a instituée, et que tous les Chrétiens sont obligés de pratiquer.

2. D. *Combien de choses faut-il considérer dans un Sacrement ?*

R. Il y a deux choses à considérer dans un Sacrement ; savoir, la cérémonie ou l'action extérieure, et ensuite ce que cette cérémonie signifie.

3. D. *Pourquoi Dieu a-t-il établi des Sacremens ?*

R. Dieu a établi les Sacremens pour confirmer son alliance.

4. D. *Combien y a-t-il de parties dans cette alliance ?*

R. Cette alliance a deux parties ; savoir, la grâce de Dieu et notre devoir.

5. D. *Quels effets produisent donc les Sacremens ?*

R. Les Sacremens nous assurent de la grâce de Dieu envers nous, et nous nous y engageons à nous acquitter de notre devoir envers lui.

6. D. *Combien y a-t-il de Sacremens dans l'Eglise chrétienne ?*

R. Notre Seigneur n'en a établi que deux, qui sont le Baptême et la Sainte Cène.

7. D. *Qu'est-ce que le Baptême ?*

R. Le Baptême est une cérémonie sacrée par laquelle nous sommes reçus dans l'alliance et dans l'Eglise de Dieu.

8. D. *Rapportez l'institution du Baptême ?*

R. Jésus-Christ dit à ses Apôtres avant que de monter au Ciel (1) : *Allez et enseignez toutes les nations, les baptisant au nom du Père, du Fils et du Saint-Esprit.*

9. D. *Que signifie ces mots,* au nom du Père, du Fils, et du Saint-Esprit ?

R. Cela signifie que le Baptême s'administre en l'autorité de Dieu, et que ceux qui sont baptisés croient au Père, au Fils, au Saint-Esprit, et leur sont consacrés.

10. D. *Quelles sont les grâces qui nous sont représentées et communiquées dans le Baptême ?*

R. Le Baptême nous représente deux grâces principales ; savoir, le pardon de nos péchés, et notre sanctification.

11. D. *Qui baptise-t-on aujourd'hui ?*

R. On baptise les enfans des chrétiens.

12. D. *Pourquoi les baptise-t-on ?*

R. Parce qu'ils sont nés dans l'alliance et dans l'Eglise du Seigneur.

SECTION XXXI.

De la Sainte Cène.

1. D. Qu'est-ce que la Sainte Cène ?

R. C'est une cérémonie sacrée dans laquelle

---

(1) Matth. XXVIII, v. 19.

les chrétiens mangent du pain et boivent du
vin en mémoire de Jésus-Christ et de sa mort.

2. D. *Récitez l'institution de la Sainte Cène.*

R. « Notre Seigneur Jésus-Christ, la nuit
qu'il fut livré prit du pain, et ayant rendu grâces
il le rompit, et dit : Prenez, mangez, ceci est
mon corps qui est rompu pour vous ; faites ceci
en mémoire de moi. De même après avoir soupé
il prit la coupe et dit : Cette coupe est la nouvelle alliance en mon sang ; faites ceci en mémoire
de moi toutes les fois que vous en boirez » (1).

3. D. *Quand est-ce que Jésus-Christ institua
la Sainte Cène ?*

R. Jésus-Christ l'institua la veille de sa mort
après avoir célébré la Pâque avec ses Disciples.

4. D. *Que voyons-nous dans la Sainte Cène ?*

R. Nous y voyons du pain et du vin qui y
sont distribués.

5. D. *Que nous représentent ce pain et ce vin ?*

R. Jésus-Christ dit lui-même, que le pain
représente son corps rompu, et que le vin représente son sang répandu.

6. D. *Quel a donc été le dessein de notre
Seigneur en établissant ce Sacrement ?*

R. Jésus-Christ l'a établi pour être un mémo-
rial de sa mort et un gage de son retour.

7. D. *Comment montrez-vous que ça été le
dessein de notre Seigneur ?*

R. Parce qu'il dit lui-même : *Faites ceci en mémoire de moi,* et par ces paroles de St. Paul (2) :
*Toutes les fois que vous mangerez de ce pain, et
que vous boirez de cette coupe, vous annoncerez
la mort du Seigneur jusqu'à ce qu'il vienne.*

8. D. *Pourquoi faisons-nous la commémoration de la mort de Jésus-Christ ?*

---

(1) 1. Cor. **XI**.   (2) 1. Cor. **XI**, v. 26.

R. Parce que c'est par cette mort que nous avons été sauvés.

SECTION XXXII.
Des erreurs de l'Eglise Romaine touchant la Sainte Cène.

1. D. Quelle est la croyance de l'Eglise Romaine sur le Sacrement de l'Eucharistie ?

R. L'Eglise Romaine croit que le pain et le vin sont changés au corps et au sang de Jésus-Christ.

2. D. *Que dites-vous de cette croyance ?*

R. Cette croyance est contraire à l'Ecriture qui appelle pain et vin ce qu'on reçoit dans l'Eucharistie, et qui nous apprend que Jésus-Christ est monté au Ciel.

3. D. *Qu'est-ce que les sens et la raison nous enseignent sur ce sujet ?*

R. Les sens nous convainquent que ce que nous recevons dans l'Eucharistie est du vrai pain ; et la raison nous apprend qu'il est impossible que le corps de notre Seigneur soit en même temps dans le Ciel et sur la terre, et dans une infinité de lieux.

4. D. *Mais Jésus-Christ n'a-t-il pas dit :* Ceci est mon corps ?

R. Ces paroles signifient que le pain représentait son corps qui allait être crucifié ; et les Apôtres ne purent les entendre autrement.

5. D. *Quelle est la pratique de l'Eglise Romaine à l'égard de la coupe ?*

R. On ne donne que le pain au peuple dans l'Eglise Romaine, et on ne lui donne pas la coupe.

6. D. *Que dites-vous de cette pratique ?*

R. Elle est contraire à l'institution de notre Sauveur, qui a commandé de manger de ce pain et de boire de cette coupe, et à la coutume que l'Eglise universelle a suivie pendant plusieurs siècles.

7. D. *Quel honneur rend-on au Sacremen.
dans l'Eglise Romaine ?*

R. On y adore le Sacrement de la mêm.
adoration dont Dieu doit être adoré.

8. D. *Ne faut-il pas adorer Jésus-Chris.
quand on communie ?*

R. Nous devous adorer Jésus-Christ en élevan.
notre cœur au Ciel.

9. D. *Pourquoi n'adorons-nous pas le Sacrement ?*

R. Nous n'adorons pas le Sacrement, parce qu.
ce n'est que du pain, mais nous devous nous e.
approcher avec le respect le plus profond.

SECTION XXXIII.

De l'usage de la Sainte Cène.

1. D. *T*ou*tes sortes de personnes doivent-elle.
être reçues à la participation de la Sainte Cène .*

R. Non, on ne doit pas y recevoir ceux qu.
ne sont pas Chrétiens, ni les enfans, ni le.
pécheurs scandaleux.

2. D. *N'y a-t-il pas de faux Chrétiens et de.
hypocrites qui viennent à la Table du Seigneur.*

R. Oui, mais ces gens-là sont remis au jugement de Dieu et de leur conscience.

3. D. *En quel état faut-il être pour s'approcher de la Sainte Communion ?*

R. Il faut être un vrai Chrétien, ou si on n.
l'est pas, être résolu de le devenir.

4. D. *Que doit-on faire avant que de communier ?*

R. St. Paul ordonne (1) : *Que chacun s'épronv.
soi-même, avant que de manger de ce pain et d.
boire de cette coupe.*

____

(1) 1. Cor. XI, v. 21.

5. D. *A quoi pouvons-nous reconnaître si nous avons une vraie foi ?*

R. Nous le reconnaîtrons en examinant notre vie, et l'obéissance que nous rendons aux commandemens de Dieu.

6. D. *Que devons-nous considérer dans cet examen de nous-mêmes ?*

R. Nous devons considérer nos actions, nos paroles, et surtout nos pensées et les dispositions de notre cœur.

7. D. *Dans quelles dispositions faut-il être quand on communie ?*

R. Ces dispositions sont une vraie foi, une sincère repentance, un véritable amour pour nous et le prochain, et une ferme résolution de nous acquitter de notre devoir.

8. D. *Quelle est la disposition qu'il faut avoir dans le tems qu'on reçoit le pain et le vin sacré ?*

R. C'est une sincère reconnaissance, qui nous porte à rendre à Dieu d'ardentes actions de grâces de ce qu'il nous a sauvés par Jésus-Christ.

9. D. *Comment abuse-t-on du Saint Sacrement dans le temps qu'on le reçoit ?*

R. On abuse du sacrement en y participant, lorsqu'on le fait sans dévotion et sans respect.

10. D. *Comment en abuse-t-on après l'avoir reçu ?*

R. Cela arrive lorsqu'on ne persévère pas dans les bons sentimens qu'on avait eus en communiant, et qu'on n'accomplit pas les promesses qu'on avait faites.

11. D. *Est-ce un grand péché que de communier indignement ?*

R. Une communion indigne est un des plus grands péchés qu'on puisse commettre contre Dieu et contre Jésus-Christ.

12. D. *Comment montrez-vous la grandeur de ce péché ?*

. R. La grandeur de ce péché paraît parce que St. Paul a dit (1) : *Celui qui mange de ce pain et qui boit de cette coupe indignement, mange et boit sa condamnation, ne discernant point le corps du Seigneur.*

13. D. *Quelle est la marque la plus sûre d'une bonne communion ?*

R. La marque la plus certaine d'une bonne communion est l'attachement à la piété, la crainte d'offenser Dieu, et l'étude des bonnes œuvres.

SECTION XXXIV.

Du devoir des Catéchumènes.

1. D. QUEL est le devoir des jeunes gens qui *désirent d'être reçus à la Sainte Cène ?*

R. Il faut qu'ils rendent raison de leur foi, et qu'ils confirment le vœu de leur Baptême.

2. D. *Pourquoi devez-vous confirmer le vœu de votre Baptême ?*

R. Parce que quand j'ai été baptisé, je n'avais point de connaissance de ce qui se faisait alors à mon égard, et qu'on ne peut engager personne à son insçu, ou malgré lui, à être Chrétien.

3. D. *Combien y a-t-il de parties dans le vœu du Baptême ?*

R. Le vœu du Baptême a deux parties.

4. D. *Quelles sont-elles ?*

R. Ce vœu nous engage premièrement à vivre et à mourir dans la profession de la Religion Chrétienne ; et en second lieu, à y vivre saintement.

5. D. *Est-on obligé de faire une profession publique de la Religion de Jésus-Christ devant les hommes ?*

____

(1) 1. Cor. XI, v. 29

R. Cette profession est absolument nécessaire.

6. D. *Ne pourrait-on pas faire semblant de renoncer à la vérité pour éviter la persécution, et pour sauver sa vie ?*

R. Cela serait très-criminel. Jésus-Christ veut (1) *que nous le confessions devant les hommes, et il reniera devant son père ceux qui l'auront renié.*

7. D. *Suffit-il pour être sauvé de faire profession du vrai et du pur Chritianisme ?*

R. La profession du Christianisme ne suffit point, si l'on ne vit pas d'une manière sainte et chrétienne.

8. D. *Quelle est donc la seconde partie du vœu du Baptême ?*

R. Nous nous engageons par ce vœu (2) *à renoncer à l'impiété, et aux convoitises mondaines, et à vivre dans la tempérance, dans la justice et dans la piété.*

9. D. *A quoi les Catéchumènes renonçaient-ils dans la primitive Eglise, lorsqu'on les baptisait ?*

R. Les Catéchumènes renonçaient au diable et à ses œuvres, au monde et à sa pompe, à la chair et à ses convoitises.

10. D. *Qu'était-ce* que renoncer au diable et à ses œuvres.

R. C'était renoncer à l'idolâtrie et aux péchés des payens, et surtout à l'impureté qui régnait parmi eux.

11. D. *Qu'est-ce que renoncer au monde ?*

R. C'est renoncer à l'amour des biens, des plaisirs, et de la gloire du monde, et à la manière de vivre des mondains.

12. D. *Qu'est-ce que la pompe du monde ?*

R. La pompe du monde marque le luxe, le faste, les spectacles, les divertissemens profanes, et les débauches des gens du monde.

---

(1) Matth. X, v. 31 à 33.   (2) Tite II, v. 12.

13. D. *Comment doit-on renoncer à la* chair et à ses désirs?

R. On doit renoncer absolument aux désirs criminels de la chair, et même en partie à ceux qui sont permis.

14. D. *Que jugez-vous de l'état présent du Christianisme?*

R. Je crois qu'il y a une très-grande corruption parmi les Chrétiens.

15. D. *D'où procède cette corruption?*

R. Cette corruption procède principalement de ce que les Chrétiens n'ont pas été bien instruits dans leur jeunesse.

SECTION XXXV.
Des motifs à la piété.

1. D. *Croyez-vous être indispensablement obligé de renoncer à la corruption et de vivre dans la piété?*

R. Oui, parce que mon Dieu m'a donné la connaissance de mon devoir, et qu'il a touché mon cœur d'un désir sincère de me consacrer à lui.

2. D. *Qu'est-ce qui doit nous inspirer ce bon désir?*

R. C'est l'honneur et la gloire que nous avons d'être Chrétiens, et d'appartenir à Dieu.

3. D. *Qu'est-ce qui nous engage à prendre cette résolution?*

R. C'est la reconnaissance pour les grâces qu'il nous a faites jusqu'à présent, et l'espérance de la gloire qu'il nous prépare dans le Ciel.

4. D. *Quel fruit retirez-vous de l'observation de ces devoirs?*

R. Nous en recevons de très-grands avantages, et en cette vie, et après la mort.

5. D. *La piété vous procurera-t-elle quelque avantage dès cette vie?*

R. Oui, car avec la piété on est toujours heu-reux (1) : *La piété est utile à toutes choses, puisqu'elle a les promesses de la vie présente, aussi bien que la vie à venir.*

6. D. *Quel est le plus grand bien que l'on puisse posséder en cette vie?*

R. C'est la paix de l'âme, et la tranquillité de la conscience.

7. D. *Quel est le moyen de jouir de cette paix et de cette tranquillité?*

R. Il n'y en a point d'autre que la pureté, la sainteté et la confiance en Dieu.

8. D. *Quel est donc l'état d'un homme de bien?*

R. Un homme de bien est le plus heureux de tous les hommes; et il n'y a point de douceur qui égale celle d'une vie innocente, ni de plaisir qui soit comparable à celui d'être dans l'amour de Dieu.

9. D. *En quel état est un homme de bien dans l'affliction?*

R. Celui qui craint Dieu est tranquille, et même joyeux, lorsqu'il est dans l'adversité et dans la souffrance.

10. D. *Et comment regarde-t-il la mort?*

R. Il est toujours préparé; il la voit venir sans frayeur et avec joie, parce qu'il est assuré que Dieu lui donnera une meilleure vie après celle-ci.

11. D. *Quel est l'état de ceux qui négligent la piété?*

R. Ils sont toujours malheureux; ils n'ont jamais de solide repos; les tentations les sé-duisent, la prospérité les corrompt, l'adversité les accable, et la mort les épouvante.

12. D. *En quel état seront les personnes pieuses au dernier jour?*

____

(1) 1 Tim. IV, v. 8.

R. Elles paraîtront sans crainte devant le Jugement de Dieu ; et elles iront jouir dans le Ciel du salut et de la gloire que Jésus-Christ leur a acquise par sa mort.

13. D. *Et quel sera alors le sort des méchans?*

R. Ils seront rejetés de Dieu pour toujours.

14. D. *A quoi faut-il donc penser continuellement pour être incités à bien vivre?*

R. Il faut penser à notre fin, à la mort, au jugement, au paradis, à l'enfer, et à l'éternité.

SECTION XXXVI.

Des obstacles qui peuvent détourner de la piété.

1. D. *N*e trouvez-vous pas bien des obstacles qui pourraient vous détourner de la piété?

R. Nous devons nous attendre à cela, et Jésus-Christ nous en a avertis.

2. D. *Quels sont ces obstacles?*

R. Nous pourrons être sollicités au mal par les mauvais exemples, par les tentations, par les persécutions, ou par le mépris du monde, et par notre propre chair.

3. D. *Que devez-vous donc faire?*

R. Nous devons prendre une ferme résolution de ne nous point laisser ébranler, ni détourner de notre devoir.

4. D. *Que doit-on penser quand on voit si peu de gens vivre comme Dieu l'ordonne?*

R. Il faut se souvenir de ce que notre Seigneur a dit (1): *Qu'il y en a beaucoup d'appelés, mais peu d'élus.*

5. D. *Qu'est-ce que Jésus-Christ a encore dit sur ce sujet?*

---

(1) Matth. XXII, v. 14.

R. (1) *Entrez par la porte étroite, car c'est la porte large et le chemin spacieux qui mène à la perdition, et il y a beaucoup de gens qui y entrent. Mais la porte est étroite, et le chemin est étroit qui mène à la vie, et il y a peu de gens qui le trouvent.*

6. D. *Si vous voulez vivre selon les maximes de l'Evangile, ne serez-vous pas exposés au mépris des gens du monde ?*

R. Quand même nous y serions exposés, nous ne devons pas pour cela avoir honte de la piété. Il vaut mieux avoir l'approbation de Dieu et de notre conscience que celle des hommes.

7. D. *Ne trouverez-vous pas de la peine à vivre dans la piété ?*

R. Bien loin d'y trouver de la peine, rien n'est plus facile (2) : *Le joug du Seigneur est aisé, et son fardeau léger* (3) : *Les Commandemens de Dieu ne sont point pénibles.*

8. D. *Qu'est-ce qui rend agréable et facile la pratique des devoirs de la piété ?*

R. C'est la grâce du St. Esprit, l'amour de Dieu, et l'espérance de la gloire éternelle.

9. D. *Qui sont ceux à qui la piété paraît difficile et pénible ?*

R. La piété paraît difficile et désagréable à ceux qui l'ont négligée dans leur jeunesse, et qui sont accoutumés au mal.

10. D. *Quel est donc le temps le plus propre pour acquérir de la piété ?*

R. Le temps le plus propre pour cela, c'est la jeunesse; parce que dans cet âge les mauvaises habitudes ne sont pas formées, et qu'on peut les prévenir.

---

(1) Matth. VII, v. 13 et 14.   (2) Matth. XI, v. 30
(3) 1. Epître de St. Jean, V, v. 3.

SECTION XXXVII.

Des moyens de s'avancer dans la piété.

1. D. **Q**UE *devez-vous faire pour exécuter votre dessein ?*

R. (1) *Nous devons veiller et prier*, comme Jésus-Christ nous l'ordonne.

2. D. *La prière est-elle un moyen efficace de s'avancer dans la piété ?*

R. La prière est le plus puissant secours pour faire des progrès dans la sainteté.

3. D. *Quel est donc le devoir d'un Chrétien ?*

R. Le devoir d'un Chrétien est de prier tous les jours, principalement tous les matins, avec attention, avec respect et amour : quand on le fait, on a toujours le cœur porté au bien.

4. D. *Quel est le second moyen de se conserver dans la grâce de Dieu ?*

R. C'est de veiller sur soi-même.

5. D. *Combien la vigilance renferme-t-elle de devoirs ?*

R. La vigilance renferme deux devoirs principaux.

6. D. *Quel est le premier devoir de la vigilance ?*

R. C'est de profiter de toutes les occasions qui se présentent de faire le bien, et même de le rechercher.

7. D. *Quels sont les occasions dont il faut surtout profiter ?*

R. Ce sont les bonnes dispositions, les saintes pensées, et les pieux mouvemens que la grâce de Dieu produit dans nos cœurs.

8. D. *Que faut-il faire pour exciter ces saintes dispositions, et pour s'y affermir ?*

---

(1) Matth. XXVI, v. 41.

R. Il faut prier, travailler à s'instruire, lire, méditer, rechercher les occasions de s'édifier, et surtout la compagnie des gens de bien.

9. D. *Quel est le second devoir de la vigilance?*

R. C'est de prendre garde aux tentations, et de les éviter.

10. D. *Où est la principale source des tentations?*

R. La source des tentations est principalement en nous-mêmes, et dans notre corps.

11. D. *Quelle doit être la maxime d'un Chrétien?*

R. C'est de mortifier son corps et de n'avoir pas soin de sa chair.

12. D. *Comment peut-on mortifier le corps et empêcher qu'il ne séduise l'âme?*

R. On mortifie le corps par le travail, par la tempérance, par la sobriété et par le jeûne.

13. D. *Ne faut-il pas aussi mortifier son esprit et sa volonté?*

R. Oui, et l'on en vient à bout en s'abstenant de ce que l'on aime, même des choses permises.

14. D. *A quoi faut-il surtout prendre garde?*

R. Chacun doit prendre garde aux défauts auxquels il est particulièrement sujet, et s'appliquer à connaître son faible et sa passion dominante, afin d'y résister.

15. D. *Qu'est-ce que les jeunes gens en particulier doivent éviter?*

R. Ils doivent éviter les désirs et les défauts de la jeunesse, qui sont, l'amour du plaisir, l'oisiveté, la dissipation et la vanité.

16. D. *Quelles sont les dispositions qu'il faut surtout travailler à acquérir?*

R. Ces dispositions sont, l'amour de Dieu, le mépris du monde, la dévotion dans la prière, et la douceur.

17. D. *Pourquoi doit-on s'étudier à acquérir ces dispositions ?*

R. Parce qu'elles sont la source des autres, et qu'on se forme par-là à la pratique de toutes les vertus Chrétiennes.

SECTION XXXVIII.
De la confirmation du vœu du Baptême.

1. D. *Puisque vous connaissez les engage-mens du Christianisme, et les moyens de vous en acquitter, êtes-vous résolu de confirmer le vœu de votre Baptême, et de vous consacrer à Dieu ?*

R. Oui, et c'est ce que je désire de tout mon cœur.

2. D. *A qui faites-vous ce vœu et cette promesse ?*

R. Je la fais à Dieu mon Créateur, et le Père de notre Seigneur Jésus-Christ.

3. D. *Pour combien de temps la faites-vous ?*

R. Je la fais pour tout le temps de ma vie.

4. D. *Cette promesse est-elle d'une grande importance ?*

R. Oui, il y va de mon salut ou de ma perdition ; et Dieu me jugera par la manière dont je l'aurai observée.

5. D. *Après avoir fait cette promesse, en quel état serez-vous ?*

R. Je ne serai plus à moi-même, mais à Dieu.

6. D. *Quelle différence y a-t-il entre l'état où vous avez été dans l'enfance, et celui où vous serez désormais ?*

R. Le salut des petits enfans est assuré ; mais ceux qui sont parvenus à un âge de raison, sont responsables devant Dieu de leur conduite.

7. D. *Je vous prends donc ici vous-mêmes à té-moin, que vous vous engagez volontairement et sans contrainte au service de Dieu ?*

R. Oui, je m'y engage.

(Ce qui suit est la manière de recevoir les Catéchumènes en public, selon qu'elle est établie dans les Eglises de Neuchâtel et de Vallengin.)

8. D. *Déclarez donc votre intention, et ratifiez le vœu du baptéme?*

R. Nous ratifions et nous confirmons le vœu de notre Baptême : nous renonçons au Diable et à ses œuvres, au monde et à sa pompe, à la chair et à ses convoitises : nous promettons de vivre et de mourir dans la Foi Chrétienne, et de garder les commandemens de Dieu tout le temps de notre vie.

(Après que cela a été prononcé par l'un des Catéchumènes, devant toute l'Eglise, on leur demande à tous :)

9. D. *Est-ce là ce que vous promettez tous devant Dieu et devant son Eglise ?*

R. Oui.

Le Pasteur continue ainsi :

Dieu vous fasse la grâce d'accomplir votre promesse.

Ensuite de cette promesse, et dans l'espérance que vous l'accomplirez religieusement, je vous reçois au nombre des fidèles adultes, et je vous donne la liberté de participer en cette qualité au Saint Sacrement de la Cène. Et vous Chrétiens, qui êtes ici présens, je vous prends à témoins de la promesse que ces jeunes-gens ont faite, et je vous exhorte à les regarder désormais comme vos frères, qui sont participans avec vous de la même grâce, à leur rendre tous les devoirs de la charité Chrétienne, et à prier Dieu pour eux.

Cela étant fait, on adresse aux Catéchumènes une exhortation, dont la forme est à la discrétion du Ministre ; et quand elle est finie, les Catéchumènes se mettent tous à genoux, et le Ministre lit la Prière suivante.

Dieu Tout-Puissant, nous te bénissons de ce qu'il t'a plu nous appeler à ta connaissance, et en particulier de ce qu'ayant fait la grâce à ces enfans de naître dans ton Eglise, et d'y être introduits par le Baptême, tu leur as fait celle de parvenir à un âge de raison, et de passer aujourd'hui du rang des enfans à celui des fidèles adultes : nous te prions, que comme ils viennent de se consacrer à toi en confirmant le vœu de leur Baptême, et d'être admis à la Communion du Sacrement de la mort de ton Fils, tu ratifies dans le Ciel ce que nous venons de faire en ton nom, et dans ton Eglise. Reçois-les, Seigneur, et les bénis ; et que ta grâce soit avec eux dès maintenant et à jamais. Amen.

O Dieu très-bon, père de grâce, fais qu'ils persévèrent constamment dans la profession sainte où ils viennent d'entrer : qu'ayant été rendus Chrétiens par leur naissance et par leur Baptême, ils le soient désormais par connaissance et par choix. Ils viennent de renoncer au diable et à ses œuvres, au monde et à sa pompe, à la chair et à ses convoitises. Que donc le prince de ce monde n'ait rien en eux : que dès leur jeunesse leur foi soit victorieuse du monde, de la chair, et de tous ses mauvais désirs.

Père saint, garde-les en ton nom, et les préserve du mal : sanctifie-les par ta vérité, ta parole est la vérité. Garantis-les de la conta-

.gion du siècle. Ne permets pas que les instructions qu'ils ont reçues, et que la promesse qu'ils viennent de te faire, ne s'effacent jamais de leur mémoire : ne permets pas que ces bons sentimens que tu leur as donnés se perdent dans le commerce du monde. Augmente-les plutôt, en sorte que ces jeunes plantes croissent et fructifient abondamment en lumière, en foi, en sainteté et en consolation, tous les jours de leur vie. Que cette nouvelle génération soit meilleure que ses pères, et que ces enfans, après avoir servi en ce monde aux désseins de ta Providence, obtiennent de ta bonté le salut éternel. Amen.

Nous te prions, Dieu Tout-Puissant, pour toute la jeunesse de cette Eglise. Bénis les instructions qu'on lui donne ; préserve-la de corruption, et la sanctifie, afin que nos enfans soient un jour des ornemens dans ta maison, et les héritiers de ton Royaume.

Donne-nous à tous aux jeunes et aux vieux, aux grands et aux petits, de bien considérer ce que c'est que d'être Chrétiens, et de nous représenter sans cesse, quel vœu, quelles promesses, quelle profession solennelle nous avons tous faite par notre Baptême, aussi bien que par la Communion du Saint Sacrement. Amen.

Dieu Tout-Puissant, exauce-nous ; exauce les prières de cette jeunesse qui est ici prosternée devant toi ; et de nous tous qui t'invoquons, qui t'adorons, qui te glorifions, et qui te demandons grâce par Jésus-Christ, qui nous a commandé de te prier ainsi :

Notre Père qui es aux Cieux, ton nom soit sanctifié ; ton règne vienne ; ta volonté soit faite sur la terre comme au Ciel. Donne-nous aujourd'hui notre pain quotidien, pardonne-nous nos offenses comme nous pardonnons à ceux qui nous ont offensés, et ne nous induis point en tentation, mais délivre-nous du malin. Car à toi appartient le règne, la puissance et la gloire, aux siècles des siècles. Amen.

Après l'Oraison Dominicale, on finit par la bénédiction que l'on donne aux Catéchumènes en cette forme :

La bénédiction du Seigneur Dieu Tout-Puissant, du Père, du Fils, et du Saint-Esprit, soit et demeure éternellement avec vous tous. Amen.

VERSETS que l'on chante dans l'Eglise de Neuchâtel aux prières du matin et du soir.

Dans le service du matin, le Ps. XCV. ℣. 1.

RÉJOUISSONS-NOUS au Seigneur ;
Assemblons-nous en son honneur ;
Car il est seul notre défense ;
Courons à son Temple aujourd'hui,
Afin de chanter devant lui,
Sa force et sa magnificence.

Et à la fin, le Ps. CXLIII. ℣. 8.

Fais-moi dès le matin, entendre
Ta bonté paternelle et tendre,
Sur qui se repose ma foi ;
Dis-moi la route qu'il faut prendre,
Car mon cœur s'élève à toi.

Dans le service du soir, le Ps. XCII. ℣. 1.

Que l'entreprise est belle,
De te louer, Seigneur !
De chanter ton honneur,
D'un cœur humble et fidèle !

Qnand le soleil se lève,
D'annoncer ta bonté ;
Et ta fidélité,
Quand sa course s'achève !

Et à la fin, le Ps. LXVII. ℣. 1.

Dieu nous veuille être favorable,
Nous bénissant par sa bonté.
Dieu veuille de sa face aimable,
Répandre sur nous la clareté.

Psaume CXVII, qui se chante ordinaire-
ment après les Sermons.

Nations, louez le Seigneur :
Peuples, chantez à son honneur ;
Car son amour, et tendre et doux
S'étend de plus en plus sur nous ;
Et sa constante vérité,
Demeure à perpétuité.

SONNET POUR LA JEUNESSE.

Jeunesse, ne suis point ton caprice volage ;
Au plus beau de tes jours, souviens-toi de ta fin.
Peut-être verras-tu ton soir dans ton matin,
Et l'hiver de ta vie, au printemps de ton âge.

La plus verte saison est sujette à l'orage :
De la certaine mort le temps est certain,
Et de la fleur des champs le fragile destin
Exprime de ton sort la véritable image.

Mais veux-tu dans le ciel refleurir pour toujours ?
Ne garde point à Dieu l'hiver qui des vieux jours,
Tient sous ses dures lois la faiblesse asservie.

Consacre-lui les fleurs de ton jeune printemps,
L'élite de tes jours, la force de ta vie,
Puisqu'il est l'Arbitre et l'Auteur de tes ans.

PRIÈRE POUR LE MATIN.

Notre aide soit au nom de Dieu qui a fait le Ciel et la Terre. Amen.

Je me prosterne devant toi, ô Dieu ! pour t'invoquer : dispose mon cœur à le faire avec sincérité ; préserve-moi d'hypocrisie, afin que ma prière te soit agréable, par Jésus-Christ ton Fils notre Seigneur. Amen.

Je t'adore, ô Dieu Tout-Puissant ! qui es le Créateur et le maître du monde : Je me prosterne devant ta Majesté ; je reconnais que je ne suis que poudre et cendre devant toi.

Je loue et je bénis ton saint Nom, et surtout ta grande miséricorde. Je te rends grâces de toutes les faveurs que tu m'as accordées : de ce que tu m'as donné et conservé la vie ; de ce que je suis né dans ton Église ; et de ce que je puis espérer la gloire et l'immortalité ! Seigneur ! que ton Saint Nom soit béni dès maintenant et à toujours ! Amen.

O Dieu ! qui m'a protégé durant la nuit passée, et qui me fais la grâce de voir la lumière de ce matin, je m'offre et je me consacre à toi, prends-moi en ta protection, Seigneur mon Dieu ! renouvelle ta grâce en moi au commencement de ce jour. Conduis-moi par le chemin que je dois suivre. Garantis mon cœur des passions qui pourraient m'entraîner au mal, et ma bouche de toutes sortes de mauvais discours. Préserve-moi de mauvais exemples Donne-moi un cœur pur et sincère, des inclinations douces et paisibles. Rends-moi docile et assidu dans tout ce que je dois faire ; humble et soumis envers ceux à qui je dois l'obéissance, et plein d'amour et de charité envers tout le monde. O Dieu qui m'as donné la vie et qui m'appelles à la gloire de ton Royaume par J. C., fais qu'avançant en âge, j'avance en piété ; que je puisse être dans ce monde de quelque utilité pour l'avancement de ta gloire, et que je sois un jour du nombre des bienheureux à qui tu prépares une meilleure vie dans le Ciel, par Jésus-Christ Notre Seigneur. Amen.

Je te bénis, Seigneur ! et je t'offre mes vœux pour.... Je te supplie de me les conserver longuement et de les bénir. Je te prie aussi pour tous nos plus proches parens, et pour tous ceux qui ont besoin de ton secours. Regarde-nous en ta miséricorde, ô Dieu très-bon ! et veuille exaucer nos prières au nom de notre Seigneur Jésus-Christ. Amen. *Notre Père*, etc.

PRIÈRE POUR LE SOIR.

O Dieu ! je m'humilie devant la Majesté : je reconnais que je suis indigne de paraître en ta sainte présence. Je loue et je bénis ton Saint Nom, et surtout ta grande miséricorde : Je te rends grâces de ce que tu m'as si miséricordieusement protégé pendant ce jour qui vient de finir, et de toutes les faveurs dont tu m'as comblé jusqu'à présent. Je te supplie de me pardonner les fautes que j'ai commises pendant ce jour. Ne m'impute point les péchés de ma jeunesse. O Seigneur ! ne me rejette pas de devant ta face, et ne m'ôte pas ton Saint-Esprit : augmente plutôt ses dons en moi, afin que je puisse te servir avec un nouveau zèle pendant le reste de ma vie. Seigneur ! sois mon protecteur pendant cette nuit. Eloigne de moi toutes sortes de dangers et de tentations. Que le sommeil serve à réparer mes forces et à me mettre en état d'employer le jour de demain, et tout le temps que tu me laisseras en ce monde, à te glorifier et à travailler à mon salut. Seigneur! je recommande à ta bonté...... et tous mes autres parens et amis, aussi bien que tous ceux qui ont besoin de ton secours; regarde-nous tous en ta miséricorde, ô Dieu très-bon! et veuille exaucer mes prières au nom de notre Seigneur Jésus-Christ, qui nous a enseigné de te prier, en disant : *Notre Père*, etc.

PRIÈRE POUR DIRE DANS LE TEMPLE.

ÉTERNEL, mon Dieu! puisque tu me permets d'assister dans ta maison, fais que je t'y rende un service conforme à ta sainte volonté. Que je te confesse humblement mes fautes; que j'adore ta Majesté, que je te rende grâces pour tous tes bienfaits; que je me consacre entièrement à toi; que je chante tes louanges avec dévotion; que j'écoute ta parole et que je la garde; et enfin que je t'invoque avec tant d'ardeur, que mes prières et mes hommages te soient agréables, par Jésus-Christ. Amen.

PRIÈRE AVANT LA SAINTE COMMUNION.

JE m'en vais à ta Table, Seigneur mon Dieu! pour obéir au Commandement de ton saint Fils, qui nous a ordonné de manger de ce Pain et de boire de cette Coupe, en mémoire de la mort qu'il a soufferte pour nous racheter de nos péchés. Je me présente devant toi, ô Dieu, et je viens me joindre à l'assemblée des fidèles, pour renouveler solennellement le vœu du Baptême, par lequel je t'ai été consacré dès ma naissance, et pour te réitérer les promesses de l'obéissance et de la fidélité que je veux te rendre, ô mon Dieu

et mon Créateur! tout le temps de ma vie.
Seigneur! je ne mérite pas d'être reçu à cette
divine Communion : je reconnais et je confesse
mon indignité, mais je te supplie très-ardemment
et pour l'amour de ton Fils mon Rédempteur,
de permettre que nonobstant mon indignité, je
m'approche de cette Table Sacrée, pour y faire
avec tes Saints la commémoration de la mort de
ton cher Fils. Agrée mes efforts, ô Dieu très-
bon! Reçois l'offrande que je te fais de mon
cœur. Assiste-moi par ta grâce, afin qu'avec des
affections sincères et pures, avec un cœur plein
d'amour, de joie et de reconnaissance, j'aille
célébrer ta miséricorde envers le genre humain,
et envers moi, ta pauvre Créature. Approche-toi
de mon âme, ô Dieu! puisqu'elle te cherche :
réponds à mes désirs, accompagne l'usage de
ce Sacrement d'un nouveau degré de ta grâce.
Qu'étant aujourd'hui uni et incorporé à ton corps
mystique qui est l'Eglise, j'en sois désormais un
vrai membre. Que mon âme étant nourrie et
fortifiée par cette viande spirituelle, je vive de
la vie des justes, et que renouvellant mon alliance
avec toi, je te sois fidèle jusqu'à la mort, pour
obtenir de ta miséricorde la couronne de vie.
Amen. *Notre Père, etc.*

ACTIONS DE GRACES APRÈS
LA COMMUNION.

J'ADORE et je loue ta miséricorde, Seigneur,
mon Dieu! de ce que tu as envoyé ton Fils au
monde pour sauver les hommes; de ce que tu
as voulu que je fusse du nombre de ceux que tu
appelles au salut, et de ce que je viens d'en recevoir les gages à ta Sainte Table. Je t'offre,
ô Dieu! mes bénédictions et mes louanges; je

t'offre mon cœur, mon amour, ma vie, tout ce que je puis t'offrir. Je viens de t'être consacré et d'être marqué de ton sceau. Je suis à toi, Seigneur! j'ai renoncé au monde, à moi-même, et tu sais que mon désir est de ne vivre que pour toi, et de dépendre absolument de ta sainte volonté. Accorde-moi la grâce et la force dont tu sais que j'ai besoin pour t'être fidèle, pour m'acquitter de mon devoir, pour surmonter les tentations, et sur-tout le penchant que je pourrais avoir à.... (*Ici l'on fait mention des défauts auxquels l'on a du penchant.*) Entretiens, ô Dieu très-bon! Dieu de mon salut et de ma joie! entretiens dans mon cœur les dispositions que j'y sens, et que la participation au Saint Sacrement vient d'y allumer. Achève l'ouvrage de grâce en moi, et me conduis au travers des tentations, des dangers, et des misères de cette vie, à une mort heureuse, et à la gloire du royaume des Cieux. Jésus, mon divin Sauveur! je te loue et je te bénis, de ce que tu as eu la charité de mourir pour moi. Je t'adore dans la gloire où tu es maintenant élevé, et je te prie que lorsque tu descendras du Ciel au jour du jugement, je sois du nombre de ceux à qui tu feras miséricorde, et que tu recevras dans ton Royaume. Amen.

COURTES PRIÈRES
POUR CEUX QUI SONT MALADES.

I.

O Seigneur, qui vois le mal que je souffre et celui que je crains, aie pitié de moi; donne-moi un plus vif sentiment de mes péchés, que du mal que j'endure: mais ne me châtie point en ta colère; souviens-toi d'avoir compassion, et m'imputant les souffrances de ton Bien-aimé, pardonne-moi mes offenses; donne quelque soulagement à mon corps, si tu le juges à propos pour ta gloire et pour mon salut, mais sur-tout console et sanctifie mon âme pour l'amour de Jésus-Christ ton Fils. Amen.

II.

O Mon Dieu, je recours à toi dans mes maux, et j'implore ta miséricorde. Tourne sur moi tes regards qui font la délivrance même; appaise mes douleurs, mais surtout augmente ma foi, afin que j'embrasse ton cher Fils, comme mon unique Sauveur, sachant que c'est par sa meurtrissure, que nous avons la guérison. Amen.

III.

J'ADORE, ô mon Dieu, ta Providence et ta justice dans les châtimens que tu m'envoies, et bien loin de murmurer contre toi, j'admire ta douceur et ta miséricorde. Me voici, ô Dieu, pour faire ta volonté. Si tu veux que je souffre, je le veux, ô mon Dieu, pourvu que tu m'assures de ma réconciliation avec toi, et que tu ne m'envoies point de maux au-dessus de mes forces. Amen.

IV.

O Seigneur, que la coupe que tu me présentes est amère! Ah! s'il était possible que je ne fusse plus obligé à la boire, cependant non point ce que je veux, mais ce que tu veux, ô mon Dieu; adoucis ce calice par tes consolations; mais fais que je me soumette toujours à ta volonté, et que j'acquiesce avec une entière résignation à ta Providence. Amen.

V.

Hélas que mes douleurs sont grandes! Mais mes péchés surpassent mes douleurs; si tu veux plaider avec moi, ô mon Dieu, de mille articles je ne saurais répondre à un seul; à toi est la justice, et à moi la confusion: tu es toujours juste, et je suis un pauvre pécheur; mais, Seigneur, pardonne et adoucis mes maux; je ne puis soutenir la pesanteur de ta main, je ne suis que poudre et cendre. Ne m'abandonne point, et pour l'amour de ton cher Fils, laisse-toi fléchir à mes cris. Amen.

VI.

Écoute ma voix, ô mon Dieu, je t'invoque des lieux profonds; les maux que je souffre surpassent mes forces, Seigneur, entends ma supplication; je suis ta créature, je suis ton enfant, ton ouvrage, aie pitié de moi; mais si tu veux que je souffre encore, ta volonté soit faite; quand tu me tuerais j'espérerai toujours en toi.

VII.

Je me jette entre tes bras, Père céleste, je n'en puis plus, la douleur me presse, mets fin à mes maux, tu le peux, ô mon Dieu, tu es le Soleil de justice qui porte la santé dans tes ailes. Regarde-moi, Seigneur, et je serai délivré de mes maux; voici j'attends tout de ta grâce par ton Fils Jésus-Christ. Amen.

VIII.

Tu es juste, ô mon Dieu, tes châtimens sont pleins d'équité, et je ne suis qu'une créature pécheresse. J'ai péché contre toi en pensées, en paroles, en actions, je ne mérite que la mort; mais n'entre point en compte avec moi, vois ma misère, mais surtout regarde à l'obéissance de ton Fils, car c'est par lui que je t'invoque. Exauce-moi. Amen.

IX.

O Mon Dieu, je suis tout couvert de confusion, et je n'ose lever les yeux vers toi. J'ai abusé de ma santé, tu m'as maintenant affligé; tu as abattu mon corps, et je souffre, mais c'est avec justice. Quand tu m'accablerais des coups de ta verge, je reconnaîtrai toujours que tes jugemens sont bien doux au prix de ce que je devrais souffrir, si tu me traitais à la rigueur; Seigneur, aie compassion de moi, efface mes péchés; tu ne veux point la mort du pécheur, mais qu'il se convertisse et qu'il vive; convertis-moi donc, et je vivrai en ta crainte, pour mourir dans le sentiment de ta grâce. Amen.

X.

Je m'approche, ô Dieu, du trône de grâce pour te supplier de me pardonner les péchés qui m'ont attiré les maux que je souffre; je me repends de les avoir commis, j'en gémis devant toi. Ecoute la voix de mes larmes, et ne t'éloigne point de moi. Hâte-toi de venir à mon secours, tu es ma délivrance, par Jésus-Christ. Amen.

XI.

O Dieu, ne me cache point ta face dans l'état ou je suis; mon corps est abattu, et mon esprit est dans l'angoisse; mon corps souffre plusieurs maux, et mon esprit est affligé, parce que j'ai péché. Tu sais ce qui m'est nécessaire, et je m'abandonne à tes mains paternelles. Seigneur, je ne te demande pas tant la guérison de mon corps, que la sanctification de mon âme, que ton Esprit, que les sentimens de ton amour, ô Dieu, ne me refuse pas ces grâces, je te les demande par ton Fils Jésus-Christ. Amen.

XII.

O Dieu, tu es mon rocher et ma délivrance, délivre-moi des maux que je sens, car ta main n'est point racourcie, qu'elle ne puisse délivrer, et tes oreilles sont ouvertes aux cris de tes enfans; mais, surtout, fais-moi comprendre que bienheureux est celui que tu reprends, et qui endure tentation, et rends-moi cette épreuve salutaire, afin qu'ayant été éprouvé, je puisse obtenir la Couronne de vie. Amen.

XIII.

O Seigneur, je cherche ta grâce avec ardeur, mon âme a soif de toi : fais découler dans mon cœur tes eaux réjaillissantes en vie éternelle, tes seules consolations font ma joie dans les pensées divines que j'ai dans mon esprit, et dans les maux par lesquels tu me visites. Ne me refuse point ces divines consolations, et fais-moi sentir ta présence, alors je ne craindrai point, quand même je marcherais dans la vallée de l'ombre de la mort, parce que tu seras toujours avec moi. Amen.

XIV.

Jusques à quand, ô Dieu, cacheras-tu ta face, ta main s'appesantit sur moi jour et nuit, mes os s'envieillissent, et mes yeux défaillent après ton secours. Je crie à toi, mais tu ne réponds point : pourquoi différes-tu ma délivrance ? Hélas ! je ne l'ai que trop mérité. J'ai refusé souvent d'entendre ta voix, lorsque tu me l'adressais, pour me ramener de mes égaremens ; c'est donc avec justice que tu ne réponds point à mes cris ; mais, Seigneur, je te demande ma grâce avec larmes. Viens à mon aide, et retourne vers moi dans tes compassions. Il y a pardon par devers toi, afin qu'on te craigne. Pardonne-moi donc, ô mon Dieu, mais si tu trouves à propos que mes souffrances soient longues, ne permets pas que je t'offense par mon impatience et par mes murmures ; plutôt, ô Dieu, que je te glorifie par ma patience, et par ma soumission. Amen.

XV.

O Dieu, qui fais descendre au sépulcre, et qui en fais remonter, délivre-moi du mal qui me presse, si tu le juges à propos pour mon salut ; du moins, Seigneur, fais que cette affliction produise en moi la patience ; que cette patience produise l'épreuve, et l'épreuve l'espérance, et que cette espérance ne me confonde pas. Amen.

XVI.

O Dieu, tu nous assures qu'il n'y a qu'un moment en ta colère, mais toute une vie en ta faveur. Fais que je fasse aujourd'hui l'expérience de cette vérité ; mets fin à mes maux, et hâte ton secours. Mon âme, pourquoi t'abas-tu, pourquoi frémis-tu dans moi ; espère en ton Dieu ; ses regards sont la délivrance. Amen.

XVII.

O Dieu de toute grâce, qui m'as appelé à ta gloire éternelle en Jésus-Christ, rends-moi parfait après que j'aurai un peu souffert, et affermis-moi dans ta vérité et dans ta crainte. Je ne puis rien de moi-même, mais je puis tout en ton Fils qui me fortifie. Amen.

XVIII.

O Mon Dieu, fais-moi bien comprendre que tu ne me châties point pour me perdre, mais pour me sauver, et que les souffrances que j'endure, et qui ne feront que passer, ne seront point à comparer à la gloire qui doit être révélée un jour. Amen.

***

CANTIQUE

POUR DIRE EN COMMENÇANT SON TRAVAIL.

Sur le Chant des dix Commandemens de Dieu.

Source de lumière et de vie,
Mon Dieu, mon Seigneur et mon Roi,
J'implore ta grâce infinie,
Dès le matin exauce-moi.

Pardonne-moi par ta clémence
Tous les péchés que j'ai commis,
En m'imputant l'obéissance
De mon Rédempteur, ton cher Fils.

Enseigne-moi ce qu'il faut faire,
Pour plaire à tes yeux dans ce jour ;
Que ton divin Esprit m'éclaire,
Et m'enflamme de ton amour.

Je vais maintenant entreprendre
L'œuvre de ma vocation.
Père Eternel, daigne répandre
Sur moi ta bénédiction.

Fais que dans mon travail je pense
A ta grandeur, à mon néant,
A mes péchés, à ta vengeance,
A ma fin, à ton jugement :

Qu'en travaillant il me souvienne
Que je suis toujours sous tes yeux,
Afin qu'avec soin je m'abstienne
De tout ce qui t'est odieux.

Ne permets pas que l'indigence
Me jette dans le désespoir,
Ni qu'une trop grande abondance
Me fasse oublier mon devoir.

Que je t'aime comme mon Père,
Et que jamais l'amour du gain
Ne me fasse tromper mon frère,
Ni faire du tort à mon prochain.

Garantis-moi de toute envie,
Et fais que content de mon sort,
Sur ta Loi je règle ma vie,
En me préparant à la mort.

TABLE
De ce qui est contenu dans ce Catéchisme.

ABRÉGÉ DE L'HISTOIRE SAINTE.

CHAPITRE PREMIER.

ABRÉGÉ DU CATÉCHISME.

PREMIÈRE PARTIE.

Des vérités de la Religion Chrétienne.

SECTION I.

ABRÉGÉ DU CATÉCHISME.

SECONDE PARTIE.

Des devoirs de la Religion Chrétienne.

SECTION I.

Fin de la Table.

DE L'IMPRIMERIE DE DECKHERR, A MONTBÉLIARD.

LOIS, MOEURS ET USAGES.

...nombrable d'hommes et de femmes. A
...heures, la première colotine des trou-
...régulières se mit en mouvement au
...redoublé et drapeaux déployés : un
...rps de cavalerie asiatique fermait la
...rche de cette première division.

...Pendant ce mouvement, qui s'est exé-
...té avec le plus grand ordre, les nlémas
...prêtres, les grands dignitaires, les
...nistres et autres principaux fonction-
...res de l'empire, se rendaient de toutes
...parties de la capitale au palais, afin
...accompagner le sultan. Les ulémas étaient
...rés de leur turban ordinaire : les autres
...sonnages avaient des schalls blancs sur
...tête, et portaient des vestes rouges,
...pistolets et un sabre. Plusieurs riches
...tures remplies de dames, qui se ren-
...ient chez celles de leurs connaissances
...les maisons donnaient sur la rue du
...an, augmentaient encore la beauté du
...ctacle; les toits étaient garnis de monde.

...Le bruit des sonnettes et des timbales
...nonça bientôt la marche de cent cha-
...aux et d'autant de chevaux, qui étaient
...s ornés de cornettes de diverses cou-
...rs. La charge des dix premiers cha-
...aux, couverts de magnifiques étoffes,
...composait probablement du trésor du
...nd-seigneur, de sa garde-robe et
...utres objets à son usage particulier.
...us les conducteurs faisaient retentir
...de chansons arabes, en les accompa-
...nt de leurs timbales.

...enait ensuite une voiture turque par-
...ement bien travaillée et dorée, dans
...quelle on porte ordinairement l'étendard
...prophète. Cette enseigne révérée était
...ne par le premier gardien du drapeau
...é, inspecteur suprême de tous les
...rs : il allait à cheval derrière la voi-
...Cet étendard, qui est d'une gran-
...ur médiocre, était recouvert d'un four-
...de soie verte. Il n'y a ni croissant ni
...ule au bouton du fût, mais un orne-
...t en or sous la forme d'un poing

fermé. Ce drapeau fameux...
de douze chanteurs qui célé...
hymne à la louange de Maho...
y avait autant de pages avec des...
d'où s'exhalait la vapeur de...
du musc.

Immédiatement après, ...
sultan Mahmoud, revêtu de l'...
taire sans ornement, un schal...
la tête. Il n'avait autour de lui
ni aucune autre personne; ses...
suivaient à une distance respe...
saint étendard. On voyait ensui...
de nouvelle infanterie d'env...
soldats, une division de cava...
à 15 cents hommes exercés pa...
seigneur lui-même au mani...
armes, et enfin les bostandg...
maient l'arrière-garde; ils ava...
sur l'épaule et des pistolets à l...
Plusieurs charriots de muniti...
corps d'artillerie fermaient la m...
était favorisée par un très-beau...

Lorsque le cortège sortit d...
plusieurs ministres, pachas...
seigneurs attendaient l'empereu...
suite devant la porte qui condu...
Du sommet de la tour la plus n...
de la caserne de Ramisch-Tschi...
laquelle jusqu'à la paix doit...
l'étendard sacré, flottait un gr...
lon vert, surmonté d'une lu...
et d'une étoile; les trois autres to...
des drapeaux rouges. Il était...
que le sultan arriva à cette cas...
on tira six coups de canon, et...
entrèrent dans le camp. Dep...
grand-seigneur ne doit plus re...
sabre dans le fourreau, ni reven...
tantinople, que les ennemis...
vaincus ou forcés à la paix.

4.) ERREURS ET SUPERSTI...

Lorsque les Jakoutes, peuple...
rencontrent un ours, ils ôtent...
le saluent en l'appelant chef